620 000

Kinder und Jugendliche erhielten 2011 die Diagnose ADHS – der größte Teil davon Jungen (472 000).

(Quelle: Arztreport 2013 der BEK und GEK)

42 Prozent

betrug die Zunahme von diagnostizierten ADHS-Fällen bei unter 19-Jährigen im Zeitraum von 2006 – 2011.

(Quelle: Arztreport 2013 der BEK und GEK)

1,1 Millionen

Schüler nehmen regelmäßig bezahlten Nachhilfeunterricht in Anspruch. Insgesamt geben Eltern jährlich bis zu 1,5 Milliarden Euro dafür aus.

(Quelle: Bertelsmann Stiftung)

5,8 Millionen km

beträgt die Gesamtlänge aller Nervenfasern des Menschen. Das entspricht 145 Erdumrundungen.

100 Milliarden

Nervenzellen machen das menschliche Gehirn effizienter als alle bisher gebauten Computer oder Roboter.

200 000

Nachrichten können gleichzeitig in einer Nervenzelle einfließen.

1 Trillion

Synapsen verschalten das menschliche Gehirn. Ein einziges Neuron kann dabei mit bis zu 30 000 weiteren direkt oder nur durch eine Zwischenstation vernetzt sein.

10^{150}

Informationen und Bedeutungsinhalte kann das Gehirn speichern. Zum Vergleich: Die Anzahl der Elementarteilchen im Universum wird auf 10^{79} geschätzt.

(Quelle: ARD „W wie Wissen")

Glückskinder

Besser leben und lernen mit Neurocoaching®

Ulrich Conrady

„Kinder müssen mit Erwachsenen sehr viel Nachsicht haben."

Antoine de Saint-Exupéry hat es auf den Punkt gebracht: Kinder sehen sich in unserer Welt mit großen Erwartungen konfrontiert. Sie sollen in einer immer komplexeren Welt jederzeit hundertprozentig „funktionieren" und auf den unterschiedlichsten Ebenen perfekt „performen".

Doch oft ist ihnen das gar nicht möglich. Die Panik des Schreikindes, Lese-, Rechen- und Lernschwierigkeiten, Aufmerksamkeitsdefizite, Überforderung und Prüfungsangst sind Hürden, die für eine immer größer werdende Zahl von Kindern unüberwindlich werden.

Wege aus dieser Sackgasse bereitet die Audiovisuelle Wahrnehmungsförderung. Der Neuro- und Mentalcoach Ulrich Conrady hat das AVWF-Neurocoaching auf der Grundlage von Neurowissenschaft und entwickelt. Sie bietet seit mehr als 20 Jahren einen Schlüssel, dem reizirritierten Organismus einen Ausweg aus einem lähmenden Alarmzustand zu weisen. „Freie Bahn" für Glückskinder.

Man kann nicht in die Zukunft schauen,
aber man kann den Grund für etwas Zukünftiges
legen – denn Zukunft kann man bauen.

Antoine de Saint-Exupéry (1900-1944)

Liebe Leserin, lieber Leser,

Kinder müssen mit Erwachsenen sehr viel Nachsicht haben." Der große Schriftsteller Antoine de Saint-Exupéry hat es auf den Punkt gebracht: Kinder sehen sich in unserer Welt mit großen Erwartungen konfrontiert. Sie sollen in einer immer komplexeren Welt jederzeit hundertprozentig „funktionieren" und auf den unterschiedlichsten Ebenen perfekt „performen". Ein Überflieger in der Schule, im Sport und Verein, dazu noch ein Musikinstrument spielen, glockenklar singen, zu Omas Geburtstag frei ein Gedicht vortragen und der „Sonnenschein" in der Familie und im Freundeskreis sein: Sie merken schon, das Idealbild des vermeintlich idealen Kindes hat am Ende dann doch – bis auf wenige Ausnahmen – nicht viel mit der Realität zu tun.

Und das hat nichts damit zu tun, dass die Kinder vielleicht gar nicht die in sie gestellten hohen Erwartungen wollten, sondern weil es ihnen gar nicht möglich ist. Die Panik des Schreikindes, Lese-, Rechnen- und Lernschwierigkeiten, Aufmerksamkeitsdefizite, Überforderung und Prüfungsangst sind Hürden, die für eine immer größer werdende Zahl von Kindern unüberwindlich werden.

↑ *Ulrich Conrady ist Neurocoach und Erfinder der AVWF-Methode. Heute profitieren Kinder und Erwachsene und viele Spitzensportler vom AVWF-Neurocoaching.*

Wege aus dieser Sackgasse bereitet die Audiovisuelle Wahrnehmungsförderung, kurz AVWF. Ich habe sie auf der Grundlage von Neurowissenschaft und Gehirnforschung vor mehr als 20 Jahren für die Therapie verhaltensauffälliger und lernschwacher Kinder entwickelt. Dahinter steht die wissenschaftlich nachgewiesene Erkenntnis, dass unser Gehirn und Nervensystem auf eine reiz- und anspruchsüberflutete Welt mit erhöhter Alarmbereitschaft reagieren. Die inneren Systeme spielen buchstäblich „verrückt", und das rund um die Uhr. Die physische und psychische Leistungsbereitschaft wird gebremst – und damit die Tür zum Erfolg zuverlässig verschlossen. Die Kinder können damit – selbst wenn sie wollten – den in sie gesteckten Erwartungen nicht mehr entsprechen. Eine Negativspirale kommt in Gang.

Und genau da setzt das AVWF-Neurocoaching an. Denn wie wir aus der Gehirnforschung wissen, bedarf es zur Bewältigung der Herausforderungen des Alltags anpassungsfähiger biologischer Systeme. Über den Mittelohrmuskel ist es uns gelungen, im Rahmen individueller Schalltherapien mit eigens modulierten Schallwellen Einfluss auf die Großhirnrinde und das Stammhirn zu nehmen. Und zwar erstmals unter Umgehung des Mittelhirns, der emotionalen Ebene des Gehirns. Der reizirritierte Organismus findet so einen Ausweg aus dem kontraproduktiven Alarmzustand und kann aus einer wieder als sicher wahrgenommenen Umgebung zuverlässig und störungsfrei sein Bestes geben. Mit anderen Worten: „freie Bahn" für Glückskinder.

Die Erfahrungen aus zahllosen Projekten mit Kindern und Jugendlichen, aber auch mit Weltmeistern und Olympiasiegern im Spitzensport, sowie neueste wissenschaftliche und klinische Studien zeigen, dass AVWF funktioniert. Ich möchte Sie, liebe Leserin, lieber Leser, gerne mit diesem Buch teilhaben lassen an den Erkenntnissen aus mehr als 20 Jahren Forschung und therapeutischer Praxis. Ich weiß, dass für den Laien das Zusammenspiel von Sinnesorganen, Gehirn und Nervensystem wegen der damit untrennbar verbundenen Fachbegriffe mitunter nach „böhmischen Dörfern" klingen mag. Ich habe daher versucht, diese Zusammenhänge in den einzelnen Kapiteln so einfach verständlich wie möglich darzustellen. Im Mittelpunkt stehen möglichst konkrete Hilfestellungen für den Alltag von Kindern und Erwachsenen. Wer tiefer in die Materie einsteigen möchte, dem sei zusätzlich das Wissenschaftskapitel am Ende des Buches ans Herz gelegt.

Begeben Sie sich nun auf eine spannende Reise in die Welt der Audiovisuellen Wahrnehmungsförderung. Wenn Sie danach mehr wissen wollen oder Anregungen und Fragen haben, freue ich mich, Sie auch auf unserer Website www.avwf.de zu begrüßen.

Viel Spaß beim Lesen wünscht Ihnen

Ihr

Ulrich Conrady

Inhalt

1

AVWF – der Weg
zur inneren Stärke

Die Angstbremsen lösen

Mit der vom Neurocoach Ulrich Conrady entwickelten AVWF-Methode stimulieren speziell veränderte Schallwellen in einem Musikstück das autonome Nervensystem und bringen es wieder in Balance. Die Folge: Kinder sind ausgeruhter und ausgeglichener, nehmen ihre Umgebung besser wahr und lernen deutlich leichter.

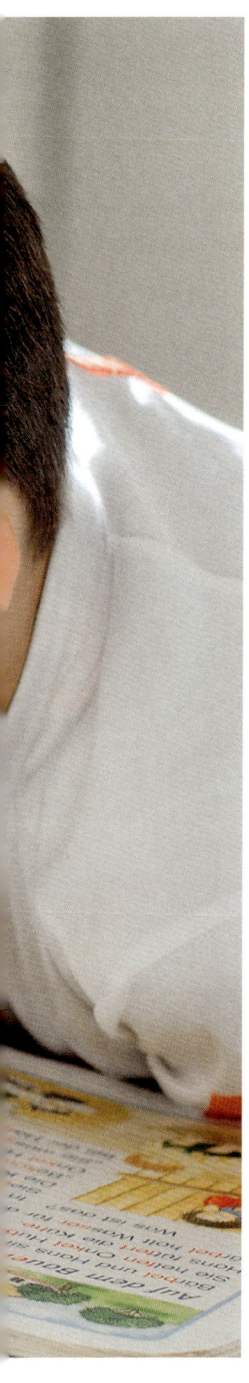

Da läuft was schief

E s ist oft nicht einfach zu verstehen. Die einen Kinder lernen leicht, ihnen scheint das Wissen nur so zuzufliegen, gute Noten stehen auf der Tagesordnung, sie spielen ein Instrument, sind klasse im Sport und haben viele Freunde. Andere hingegen tun sich schon schwer mit den einfachsten Grundregeln des Rechnens, Lesens und Schreibens, Vokabeln wollen einfach nicht in ihren Kopf, sie sind verschlossen gegenüber ihrer Umgebung, unaufmerksam, ständig abgelenkt und häufig aggressiv. Was macht den Unterschied aus? Liegt das alles denn nur an unabänderlichen individuellen Begabungen?

Neuesten Untersuchungen zufolge nehmen Lern- und Verhaltensprobleme im Kindesalter stetig zu. Und das in einem besorgniserregenden Ausmaß. Allein zwischen 2006 und 2011 stieg die Zahl der Kinder mit Aufmerksamkeits-Defizit-Hyperaktivitäts-Störung (ADHS) um 42 Prozent. Dies auf eine hirnorganisch bedingte Erkrankung zurückzuführen, ist schier unmöglich. Fakt ist: Immer häufiger sind bereits in Kindergarten oder Grundschule Verhaltensstereotypen zu beobachten, die mit Entwicklungsdefiziten und späteren Lernproblemen einhergehen. Bei jedem dritten Vorschulkind wird mittlerweile laut einer Erhebung der Barmer GEK eine gestörte Sprachentwicklung diagnostiziert. Nahezu 50 Prozent der Eltern geben laut einer Forsa-Umfrage an, dass ihr Nachwuchs schon einmal therapeutische Unterstützung (Logopädie, Ergotherapie etc.) bekommen hat. Die letzten PISA-Studien konstatieren bei einem Viertel der Fünfzehnjährigen Einschränkungen der Lese- und mathematischen Kompetenz.

← *Schicksal oder Prägung? Warum ist der eine zu mehr fähig als der andere?*

Zeit fürs Kind-Sein?

Viele dieser Probleme sind Ausdruck unserer digitalen Zeit und teilweise hausgemacht. Neue Unterrichtsmethoden halten in den Klassenzimmern Einzug, Bewährtes wird durch Neues ersetzt, Kinder verbringen immer mehr Zeit mit digitalen Medien, die Wochenpläne sind oft bis obenhin vollgestopft, die Erwartungen und Verpflichtungen sind hoch... Die Liste ließe sich unendlich fortsetzen. Wann bleibt da mal Zeit fürs „Kind-Sein"?

Fränze Frenzel, Psychologin, Lerntherapeutin und AVWF-Trainerin aus Dresden, berichtet aus ihrer Praxis: „Florian kam mit Beginn der 5. Klasse erstmals zu mir in die Förderung. Im Verlauf der ersten vier Schuljahre hatte er bereits verschiedenste Therapien zur Behandlung seiner Lese-Rechtschreib-Störung durchlaufen. Die Erfolge blieben jedoch weitestgehend aus. Noch immer zeigte Florian massivste Beeinträchtigungen im Lesen und Schreiben, die sich indes auch auf andere Fächer auswirkten. In der Eingangsdiagnostik offenbarte sich, dass Florian eine schlechtere Rechtschreibung zeigte als 99 Prozent der Schüler seiner Altersklasse. Vor diesem Hintergrund stellt sich die Frage, woran innerhalb der vier Jahre gearbeitet wurde?"

Um Lernproblemen auf den Grund zu gehen, müssen sie ganzheitlich betrachtet werden. Es reicht oft nicht aus, sie alleinig am Symptom anzupacken und zu behandeln. Die Ursachen müssen gefunden und aufgedeckt werden, um nachhaltig fördern zu können. Leider wird dies im Alltag oft übersehen.

↖ *Kinder müssen schon früh „funktionieren": in der Schule, in der Familie und im Umgang einer nahezu grenzenlosen Medienwelt.*

Richtig hören, um die Welt zu verstehen

Die Audiovisuelle Wahrnehmungsförderung, kurz AVWF, wurde vor knapp zwei Jahrzehnten von Ulrich Conrady entwickelt. Ein Blick zurück: Der Lerntherapeut hat einen autistischen Sohn und war auf der Suche nach Wegen, um ihm zu helfen. Weil ihn Grundstrategien der verschiedenen Therapien damals einfach nicht überzeugten, begann er selbst zu forschen und zu experimentieren, bis sich schließlich erste Erfolge einstellten.

Conrady ließ sich dabei unter anderem von Studien des amerikanischen Wissenschaftlers Professor Stephen Porges von der Universität Illinois inspirieren. Der Gehirnforscher hatte in den 1990er-Jahren herausgefunden, dass das autonome Nervensystem ganz anders funktioniert, als in den gängigen Anatomiebüchern beschrieben. Nach intensiven Studien der menschlichen Entwicklungsgeschichte und der neuronalen Abläufe kam er zu dem Ergebnis, dass die Reizweiterleitung vom Gehirn in besonderer Weise von speziellen Nervensystemen übernommen wird. Eine Schlüsselrolle spielen dabei zwei Antagonisten, der sogenannte Parasympathikus und der Sympathikus. Im Unterschied zu den anderen Hirnner-

ven sprechen diese Nervensysteme nicht nur Bezirke im Kopf- und Halsbereich an, sondern ziehen bis in den Bauchraum.

Der größte Teil des Parasympathikus ist der weitverzweigte Vagusnerv, dieser ist zweigeteilt in den dorsalen und ventralen Vaguskomplex, die ganz unterschiedliche Funktionen im menschlichen Kontaktverhalten erfüllen. Nach der Theorie von Porges (siehe auch Kapitel 12 „Wissenschaft" ab Seite 252) gehören zu den zwei mit dem Parasympathikus verbundenen Verhaltensstrategien der soziale Kontakt, zum Beispiel Gesichtsausdrücke, Zuhören oder Vokalisierung, also Stimmgabe. Hinzu kommt als zweites die vom Sympathikus auslösende Mobilisierung, zum Beispiel Kampf/Flucht-Verhalten, sowie als drittes die wiederum vom Parasympathikus auslösende Immobilisation, zum Beispiel Sich-Totstellen, In-Ohnmacht-Fallen und Abschalten allen Verhaltens.

Porges und sein Forscherteam konnten zeigen, dass speziell modulierte Schallwellen über die Mittelohrmuskulatur positiv regulierend auf die Vaguskerne einwirken können. Auf diese Weise kann eine pathologisch übersteigerte Aktivierung des sympathischen Nerven-

↑ *Speziell modulierte Schallwellen wirken positiv regulierend.*

systems, wie sie durch Angst, Panik oder dauerhaften Stress oder Überforderung ausgelöst wird, in einer Weise herunter reguliert werden. Die Folge: Freiwerdende Ressourcen für die Ausbildung kultureller Fähigkeiten wie Sprache, Konzentration, Aufmerksamkeit und Intuition stehen zur Verfügung. Und genau dies führt uns zu der Ausgangsfrage, wie Kinder besser groß werden und dabei im schulischen Lernfortschritt mithalten können.

Richtig hören:
Filter sind gefragt

Ulrich Conrady hat die Erkenntnisse von Porges und weiterer Neurowissenschaftler in seine Forschungen einfließen lassen und nach umfangreichen, von Medizinern begleiteten experimentellen Studien die AVWF-Methode entwickelt. Ausgangspunkt war dabei Conradys Überzeugung, dass wir sehr viel mehr Informationen aus der Umwelt über die Ohren als über die Augen aufnehmen. Nur wenn diese Informationen auch ordentlich gefiltert und verarbeitet werden können, kann der Mensch angemessen mit seiner Umwelt in Interaktion treten.

Deswegen veränderte Conrady Schallwellen in einem Musikstück so, dass sie über die Mittelohrmuskulatur das autonome Nervensystem stimulieren und wieder in Balance bringen. Es werden also die im Gehirn und im autonomen Nervensystem angelegten Regulative aktiviert, die Sympathikus und Parasympathikus wieder in das natürlich angelegte Gleichgewicht zurückbringen.

Die Bedeutung einer solchen Regulation lässt sich ermessen, wenn man auf die Funktion dieser zentralen Nervenbahnen schaut: Der Sympathikus ist der Teil des autonomen Nervensystems, der unter anderem für die Beschleunigung des Herzschlags als Reaktion auf bestimmte Reize zuständig ist. Der Parasympathikus sorgt dafür, dass die Energie des Körpers erhalten bleibt, indem er für Ruhe und Regeneration sorgt.

← *Komplexes Wechselspiel: Das Gehör ist der Türöffner für viele – auch persönlichkeitsbildende – Gehirnfunktionen.*

Horchen, wo es lang geht

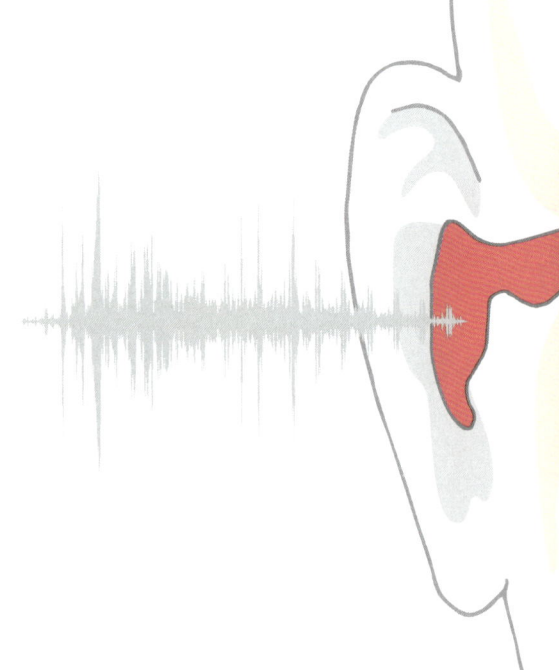

Wie aber können Schallwellen überhaupt auf das Unterbewusstsein und das autonome Nervensystem einwirken?

Treffen Schallwellen auf das Ohr, so werden die Schwingungen durch den äußeren Gehörgang auf das Trommelfell übertragen. Die Schwingung des Trommelfells wiederum wirkt weiter auf die Gehörknöchelchenkette, die ihrerseits die Schallwellen mit zirka 20-facher Verstärkung aufs Innenohr überträgt, wo sie durch die Haarzellen in bioelektrische Impulse umgewandelt werden. Diese werden durch den Hörnerv zum Gehirn geleitet, wo schließlich Entschlüsselung und Interpretation erfolgen. Gelingt es dabei dem Organismus aufgrund mangelnder Aktivierung des ventralen Vagus nicht, die niederfrequenten Töne zu dämpfen, so kommt es zu einer massiven Überflutung des Organismus mit akustischen Reizen. In der Folge können sich verschiedene Verhaltensstörungen entwickeln. Darüber hinaus ist es für die Betroffenen zumeist extrem schwierig, den Inhalt menschlicher Sprache zu verstehen. Typische Folgeerscheinungen können dann Störungen der Sprachentwicklung sowie des Sprachverständnis-

ses sein, woraus sich wiederum weitere Konzentrations- und Lernprobleme ergeben können.

Erkennbar und messbar werden diese Funktionalitäten, aber vor allem auch deren Störungen – zum einen durch eine Verbesserung mehrerer sogenannter „Low-Level-Funktionen". Darunter versteht man beispielsweise Tonhöhen- oder -längenunterscheidung, eine Verbesserung der visuellen und akustischen Ordnungsschwelle sowie des Richtungshörens und der Merkfähigkeit. Äußer-

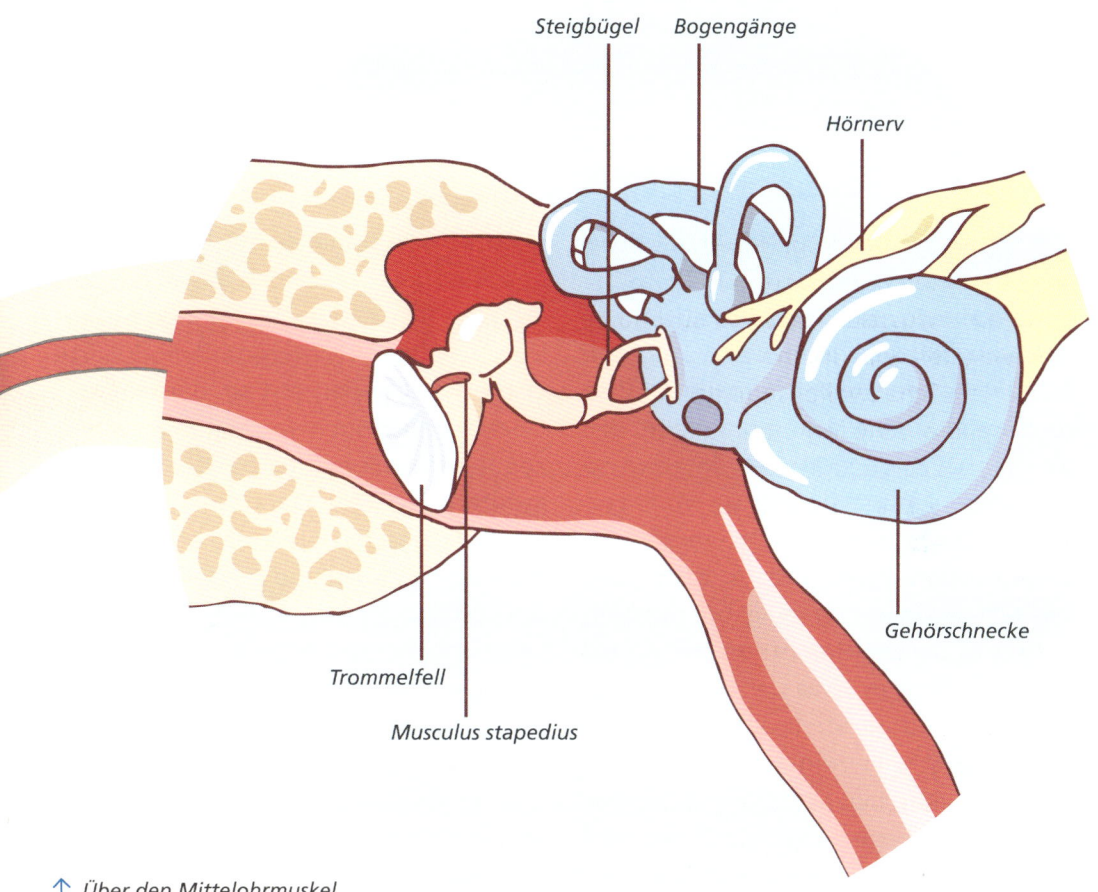

Steigbügel   Bogengänge

Hörnerv

Gehörschnecke

Trommelfell

Musculus stapedius

↑ *Über den Mittelohrmuskel werden Schallwellen in bioelektrische Impulse umgewandelt.*

lich zeigen sich ausgeprägte Low-Level-Funktionen bei Kindern und Jugendlichen (genauso wie bei Erwachsenen) in einer signifikanten Verbesserung der sozialen Entwicklung und Kommunikationsfähigkeit, der körperlichen Koordination und der kognitiven Leistung.

Aber was macht der Schall mit unserer Wahrnehmung und unserem Wohlbefin-den? Antworten führen zunächst über die Biologie: Das menschliche Hörorgan nimmt Frequenzen zwischen 50 und 16 000 Hertz (Hz) wahr, wobei die Hauptfrequenzen der Sprache zwischen 200 und 4 000 Hz angesiedelt sind. Obertöne im Bereich zwischen 80 000 und 16 000 Hz sind in Frequenzgemischen enthalten und werden als Rauschen wahrgenommen.

Die Macht der Musik

D er Pariser HNO-Arzt Prof. Alfred Tomatis (1920–2001) hatte in den 1950er-Jahren die Idee, Musik von Mozart mit den Möglichkeiten der damaligen Zeit so zu modulieren, dass ihre Frequenzen im menschlichen Hörorgan in etwa so ankommen müssten, wie sie vom Embryo im Mutterleib gehört wurden. Im wesentlichen verstärkte er dazu sehr hohe Frequenzen. Er ging bei der Entwicklung seiner Horchtherapie davon aus, dass diese in etwa der Schallleitung der mütterlichen Stimme in Flüssigkeiten entsprach. Es zeigte sich allerdings, dass Modulationen und Veränderungen nur in den Frequenzbereichen sinnvoll sind, die am Ende auch vom menschlichen Hörorgan auch analysiert und dekodiert werden können, also im mittleren Frequenzspektrum.

Anders als Tomatis und später dessen Schüler Guy Bérard hat Ulrich Conrady in seiner Audiovisuellen Wahrnehmungsförderung die Modulation ausschließlich im Bereich des sprachlich-musisch analysierbaren Frequenzbandes zwischen 50 Hz und 4000 Hz durchgeführt. Entwicklungsgeschichtlich werden tiefe Frequenzen und tiefe Töne – wie sie urzeitlich etwa mit dem Brüllen des Säbelzahntigers verbunden wurden – von unserem Vegetativum als Bedrohung erlebt. Vor diesem Hintergrund modulierte er die Schallwellen erst so, dass selektiv Oberschwingungen von tiefen Frequenzen aus dem Frequenzspektrum herausgefiltert wurden. Daraufhin setzte er erfahrungsbasiert die entsprechend modulierte Musik ein und stellte bei seinem autistischen Patienten fest, dass dieser vorübergehend beruhigt wurde und deutlich länger Musik hören konnte. Allerdings waren die Effekte zunächst nicht anhaltend.

In einem nächsten Schritt modulierte Conrady dann die höheren Frequenzen. Auch sehr hohe Frequenzen – wie wir sie etwa mit einem Angstkreischen verbinden – werden vom Vegetativum als Bedrohung erlebt. Sie aktivieren das sympathische Nervensystem und treiben damit etwa den Herzschlag in die Höhe. Vor diesem Hintergrund dieser Erkenntnisse, modulierte Conrady sowohl die tiefen als auch die hohen Frequenzen mit ihren Obertonschwingungen. Im Ergebnis trat nach dem Hören einer derart modulierten Musik bei dem autistischen Patienten ein noch deutlicherer Beruhigungseffekt ein. Parallel dazu setzte Conrady die Audiovisuelle Wahrnehmungsförderung bei Grundschulkindern mit Lernstörungen ein. Auch bei dieser Gruppe zeigten sich Beruhigungseffekte, die dazu führten, dass Neues signifikant besser verstanden und erlernt werden konnte. Allerdings waren diese Effekte nach einmaliger Beschallung noch nicht nachhaltig und anhaltend.

Im nächsten Schritt stand daher Conradys Überlegung, wie häufig stimuliert werden müsse, um nachhaltigere Effekte zu erreichen. Tomatis hatte insgesamt 21 Sitzungen in seinen ursprünglichen Versuchen angegeben, Bérard zwölf Sitzungen. Conrady entschied sich für zehn Sitzungen. Er hatte festgestellt, dass bei vielen beschallten Kindern nach der achten Sitzung deutliche Veränderungen festzustellen waren. So zeigte beispielsweise ein Grundschulkind, das bis dahin mit dem Subtrahieren überhaupt nicht zurechtkam, ab der achten Sitzung ein grundlegend verbessertes Verständnis. Diese Beobachtung wiederholte sich bei vielen Beschallungen von Kindern mit unterschiedlichsten Frage- und Problemstellungen. Zehn Sitzungen führten bei einem Teil der Probanden

↑ *Mozart tut gut – in der frühen Horchtherapie spielt klassische Musik eine wichtige Rolle.*

zu einer nachhaltigen Selbstberuhigung und Förderung der exekutiven Funktionen. Bei einem anderen Teil zeigte sich allerdings eine Spannungszunahme. Hieraus schloss Conrady, dass in einer nachhaltigen therapeutischen Anwendung eine schrittweise und moderat sich steigernde Modulation notwendig sei, um vegetative Überreaktionen zu vermeiden.

Auf die Frequenzen kommt es an

Mit diesem 20-jährigen Erfahrungswissen wird in der Audiovisuellen Wahrnehmungsförderung die modulierte Musik nunmehr in stufenweiser Applikation wie folgt durchgeführt:

In den ersten Sitzungen sind die über Kopfhörer transportierten tiefen Frequenzen deutlich moduliert, alle anderen Frequenzspektren bleiben unmoduliert. Ab der fünften Sitzung werden dann auch die höheren Frequenzen mit moduliert, sodass der Höhepunkt und das Maximum der Modulation in der siebten Sitzung liegen. Danach wird wieder sukzessive die Modulation zurückgenommen, allerdings sind bis zur letzten Sitzung sowohl in unteren als auch oberen Frequenzbereichen Modulation beibehalten.

Entscheidend sind bei der Audiovisuellen Wahrnehmungsförderung also nicht die Musik, sondern die modulierten Frequenzen. Ursprünglich nutzte Conrady bekannte Musikstücke sowohl aus Klassik als auch aus Popmusik, die eine relativ gute Modulation zuließen. Zuletzt hat er mit Mitarbeitern aber auch Eigenkompositionen entwickelt, die schon primär die Frequenzen im mittleren Hörbereich ansprechen, sodass die weitere Modulation deutlich einfacher wird.

Aktuell arbeitet die Forschungsgruppe AVWF um Ulrich Conrady an der Herstellung spezifisch modulierter Musik, die für individuelle Fragestellungen geeignet ist. So muss die Modulation für Hochleistungssportler hinsichtlich ihrer Intensität deutlich geringer ausgeprägt sein als dies für psychosomatische Patienten oder autistische Menschen notwendig ist. Dasselbe gilt für den Modulationsgrad bei unterschiedlichen Graden von Stresserleben.

Übrigens: Einen spezifischen „Mozart-effekt", wie ihn einst der französische Forscher Tomatis annahm, gibt es nicht. Das bedeutet unter anderem auch, dass „ruhige Entspannungsmusik" eben nicht vergleichbare Effekte erzielen kann wie AVWF. Bleibt noch eine gute Nachricht für Mozart-Fans: Das Musikgenie hatte in seinen Kompositionen viele Variationen, die das Frequenzband um 2000 Hz ansprechen. Er wusste, dass dies in der Regel als subjektiv angenehm erlebt wird. Mit anderen Worten: Es kommt nur darauf an, nun auch den nächsten Schritt zu gehen. In Richtung eines besseren Lebens und Lernens.

Das Prinzip der Schallmodulation

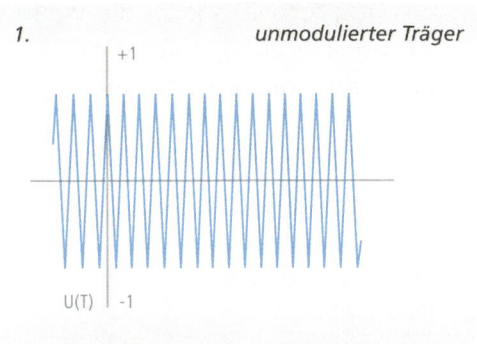

1. unmodulierter Träger

Über einen unmodulierten Tonträger wird ein modulierendes Nutzsignal gelegt, sodass sich ein modulierter Tonträger ergibt. Die so entstandenen Zeitfenster dienen als Schrittmacher und Impulsgeber für die mittels der Innenohrmuskulatur stimulierten Fasern des Nervus Vagus. Die auf diese Weise neu gepulsten Mittelohrmuskeln ermöglichen eine exakte Spannung der Gehörknöchelchenkette und es erfolgt eine bessere Filterung auditiver Reize. Das heißt: Tiefe, unterhalb des Sprachbereiches liegende Frequenzen, die den Organismus in einen Zustand ständiger Alarmbereitschaft versetzen würden, können dann automatisiert ausgefiltert werden.

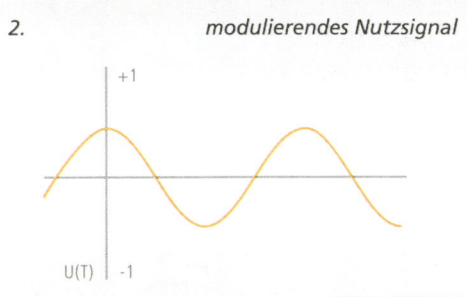

2. modulierendes Nutzsignal

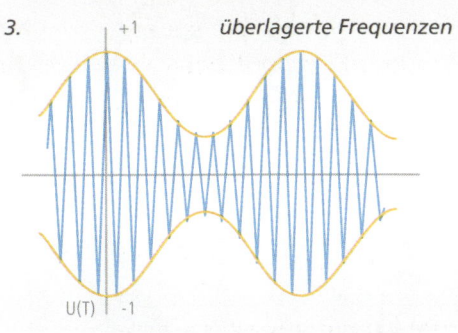

3. überlagerte Frequenzen

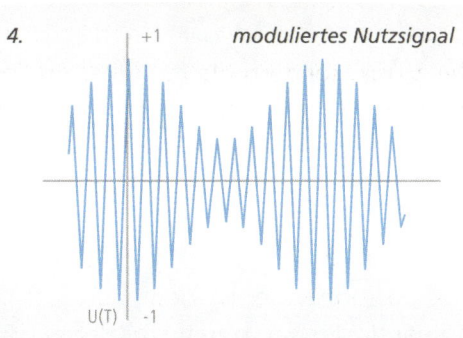

4. moduliertes Nutzsignal

2

Pure Panik:
Schreibabys

Auf schmalem Grat

Endlich ist das Baby da. Doch nach kurzer Zeit liegen die Nerven von Mama und Papa blank. Etwa 20 Prozent aller Säuglinge schreien extrem oft. Für junge Eltern ist das eine enorme Herausforderung. Dabei können die Neugeborenen mit Hilfe von AVWF lernen, sich selbst zu regulieren.

Schlaflos in einen Alptraum

D urchwachte Nächte und abendliche Schreistunden – für viele frisch gebackene Eltern ist dies Alltag und Alptraum zugleich. Denn dann sind die Babys nur noch durch Herumtragen und Wiegen oder an Mamas Busen zu beruhigen. Doch wenn die Kleinen trotz alledem von nichts und niemandem zu beruhigen sind und stundenlanges Schreien das tägliche Miteinander prägt, dann werden die ersten – vermeintlich so idyllischen – Monate als Eltern zur extremen Belastungsprobe für die ganze Familie. Sowohl physisch wie auch psychisch.

Die Unterschiede zwischen den Verhaltensweisen von Kindern in den ersten Lebensmonaten sind riesengroß: Die einen schlafen nach wenigen Wochen auf wundersame Weise durch, die anderen wollen alle zwei, drei Stunden trinken, die einen sind schnell mit der Welt und sich zufrieden, die anderen brauchen ständigen Körperkontakt. Der amerikanische Wissenschaftler Stephen W. Porges, Professor für Psychiatrie und Biomedizintechnik, hat das Verhaltensrepertoire und die sozial-interaktiven Bedürfnisse von Säuglingen im Zusammenhang mit der Entwicklung des autonomen Nervensystems (ANS) untersucht (vgl. Porges 2010, 95ff, 130ff).

← *Das geht durch Mark und Bein: Babygeschrei kann bis zu 120 Dezibel erreichen – das entspricht der Lautstärke eines Düsenjets. Am Arbeitsplatz ist ab 85 Dezibel ein Gehörschutz Pflicht.*

Herzratenvariabilität als Indikator

asierend auf der von ihm aufgestellten Polyvagal-Theorie, beobachtete Porges zunächst die Stressanfälligkeit von Reif- und Frühgeborenen beim und nach dem Füttern. Später untersuchte er auch die Reaktion von drei bis neun Monate alten Babys auf eine für sie unvermutete und unverständliche Mimik der Bezugsperson. Als Messgrundlage diente ihm dabei die Herzratenvariabilität. Sie ist ein Indikator für die parasympathische Aktivität des autonomen Nervensystems (vagaler Tonus).

↖ *Die „richtige" Beziehung zwischen Säugling und Eltern wird vor allem durch die Intuition geprägt.*

Was heißt das?

Unser Nervensystem, das aus großen Faserkomplexen besteht, steuert die Aktivitäten der inneren Organe. Es regelt die Atmung und Verdauung, das Herz und das Blutgefäßsystem sowie die Drüsenfunktionen. Das Nervensystem besteht dabei aus zwei Teilen. Der Sympathikus regelt die körperlichen Aktivitäten bei Anstrengung und Stress, der Parasympathikus stellt den Organismus auf Nahrungsaufnahme und Ruhe ein.

Parasymphatische – also vor allem beruhigende – Aktivitäten des autonomen Nervensystems spiegeln sich in einem hohen Ausgangswert in der Herzratenvariabilität wider. Das heißt, die Kinder können wesentlich flexibler auf Außenreize reagieren. Der Grund: Sie kehren nach einer Erregung schneller in einen Zustand der Ruhe und Erholung zurück. Das ist wie bei Sportlern: Der austrainierte Athlet kommt nach einem 100-Meter-Sprint deutlich schneller wieder in den Ruhe- und Erholungszustand als der völlig untrainierte. Diese Annahme wurde in den Untersuchungen bestätigt, genauso wie die Tatsache, dass Frühgeborene einen schlechteren Herzratenvariabilitäts-Grundwert haben als reif Geborene und die älteren Kleinkinder einen besseren als die jüngeren.

Der vagale Tonus des Parasympathikus hat zudem die Funktion einer Art ökonomischen „Bremssystems", wenn äußere Anforderungen dominieren. Er hemmt den Sympathikus, der entwicklungsgeschichtlich für die Mobilisation, die Kampf- und Fluchtreaktionen zuständig ist, und sorgt dafür, dass die Herzleistung und der metabolische Umsatz (d.h. Energieverbrauch bezogen auf das Körpergewicht und die Sauerstoffaufnahme) schnell verändert werden können. Ein erstes Training dieser „Vagusbremse" stellt bei Neugeborenen das Saugen dar. Beim Trinken wird die Bremse gelöst, damit das für die Nahrungsaufnahme nötige Mehr an Energie mobilisiert werden kann, der vagale Tonus sinkt, die Herzrate steigt. Ist das Baby fertig, erreicht die Vagusfunktion wieder das ursprüngliche Niveau und die Herzrate sinkt, was wiederum Verdauung und Beruhigung unterstützt (vgl. Porges 2010, S. 134).

Die Stimulierung mit schallmodulierter Musik

Gerade bei sogenannten „Schreibabys" gibt es Grund zur Annahme, dass es Verzögerungen bei der Entwicklung des vagalen (also des „beruhigenden") Systems sind, die jede Selbst- oder Fremdregulation fast unmöglich machen. Für diese Theorie sprechen auch jene Erfolge, die es in der Behandlung von Säuglingen mit der Audiovisuellen Wahrnehmungsförderung, AVWF, zu verzeichnen gibt. Die intensive Stimulierung des parasympathischen Systems mit schallmodulierter Musik hilft deutlich erkennbar, seine Entwicklung zu fördern. Und das innerhalb weniger Wochen. Die Kinder beginnen aktiv und offen Kontakt mit ihrer Umwelt aufzunehmen, der Gesichtsausdruck verändert sich deutlich, ist nicht mehr ängstlich, sondern freundlich und voller Mimik. Auch das Schlaf- und Schreiverhalten verbessert sich enorm.

Eine wesentliche Rolle könnte dabei neben der Stimulation des Vagus auch die bei Messungen durch die funktionelle Magnetresonanztomographie, fMRT, festgestellte positive Aktivierung des Zwischenhirns, des Thalamus (griechisch: thalamos = Schlafgemach), spielen. Dieses „Tor zum Bewusstsein" ist ein der Großhirnrinde vorgeschalteter Filter, der alle eingehenden Informationen vorverarbeitet, bevor sie der Großhirnrinde zugeführt werden. Dabei entscheidet der Thalamus, welche der eingehenden Informationen im Augenblick für den Organismus so wichtig sind, dass sie ins Bewusstsein gelangen sollen. Funktioniert dieser schlecht oder gar nicht, wird der Organismus schnell mit der Menge an ungefilterten Eindrücken überfordert, eine permanente Stressreaktion ist die Folge.

↑ Mit sich und seiner Umgebung im Reinen: Auf den „sicheren Raum" für Säuglinge und Kleinkinder kommt's an.

← Kinder, die über eine aktivierte Selbstregulation aus der Unruhe finden, können sich wieder für ihre Umwelt öffnen.

Auch bei Kleinkindern und Babys, die vom Charakter her sehr ängstlich waren, ständig Körperkontakt brauchten, auf Lärm überempfindlich reagierten und die nachts nie länger durchschlafen konnten bzw. mit Alpträumen aufwachten, wurden mit der AVWF-Methode sehr gute Erfahrungen gemacht. Diese Kinder hatten auffällig oft eines gemeinsam, nämlich ein für sie traumatisches, weil lebensbedrohliches Ereignis bei/nach der Geburt oder in der Schwangerschaft (Unterversorgung, Abfallen der Herzrate durch Steckenbleiben, Nabelschnur um den Hals, Operation etc.). Nach Porges Polyvagal-Theorie schaltet sich in so einer Situation jenes alte parasympathische System ein, das für die Lebenserhaltung zuständig ist. Einmal mobilisiert, kann es, gerade wenn die myelinisierten modernen Strukturen noch nicht fertig entwickelt sind, die Oberhand gewinnen. Die Stressverarbeitung läuft dann über alte, weniger flexible Systeme, was die Selbstregulierung und das soziale Kontaktsystem klar beeinträchtigt.

→ *Mit sich und der Umgebung im Reinen: Das soziale Kontaktsystem dieses Kleinkinds ist intakt.*

AHA!

Schallmodulierte Musik stimuliert bereits vorhandene biogenetische Muster neu und macht die angelegte Selbstregulation wieder möglich. Ohne aktives Üben erhöht sich die Geschwindigkeit, mit der Informationen im Gehirn verarbeitet werden.

Ab wann wird das Schreien zum Problem?

Als „exzessives Schreien" werden in der Wissenschaft anfallsartige, unstillbare Schrei- und Unruheepisoden in den ersten sechs Lebensmonaten verstanden. Diese treten ohne erkennbaren Grund bei ansonsten gesunden und gut ernährten Kindern auf (Fuhrmann et al. 2013). Die sogenannte „Dreier-Regel" des amerikanischen Kinderarztes Morris Wessel definiert, dass ein Kind dann exzessiv schreit, wenn es an mindestens drei Tagen pro Woche durchschnittlich mehr als drei Stunden schreit und dieses Verhalten länger als drei Wochen anhält.

Für Symptome und Entwicklungsstörungen im Säuglings- und Kleinkindesalter wurde 1994 erstmals das „Zero-to-Three" Klassifikationsschema veröffentlicht. Die sogenannte „DC: 0-3 Klassifikation" wurde klinisch eingesetzt und in mehreren wissenschaftlichen Untersuchungen überprüft. Sie beschreibt Störungen bei Säuglingen und Kindern zwischen null und drei Jahren, die sonst unzureichend klassifiziert sind.

Psychische Störungen in diesem jungen Alter weisen spezifische Besonderheiten auf, die bei älteren Kindern und Jugendlichen eine eher untergeordnete Rolle spielen. Rasche Veränderungen und eine hohe Entwicklungsdynamik sind bei Säuglingen und Kindern der „Normalfall", es ergeben sich zudem individuelle Entwicklungsverläufe, die deutlich von möglichen Normen abweichen können. Darüber hinaus spielen Beziehungsaspekte mit den versorgenden Erwachsenen eine besondere Rolle und sind mit der kindlichen Symptomatik untrennbar verbunden.

Die deutschen Klassifikationsleitlinien beschreiben drei „Regulationsstörungen" des Säuglingsalters: exzessives Schreien sowie Schlaf- und Fütterstörungen. „Regulationsstörungen" werden dabei als eine für das Alter bzw. den Entwicklungsstand des Säuglings außergewöhnliche Schwierigkeit definiert, sein Verhalten unter unterschiedlichen Interaktions- und Regulationsbedingungen adäquat regulieren zu können. In der „Zero-to-Three"-Klassifikation sind Schlaf- und Fütterstörungen eigenständig codiert.

Das exzessive Schreien als häufiges, oft belastendes Syndrom ist dabei übrigens ausdrücklich nicht als Störung klassifiziert. Dies gebe die Forschungslage nicht her. Das bedeutet: Exzessives Schreien ist

↑ *Kritisch: drei Tage die Woche mehr als drei Stunden Baby-Geschrei – und das über drei Wochen.*

formal keine Krankheitseinheit, weshalb auch keine Behandlungsgrundlage im Rahmen des Krankenkassenversorgungssystems besteht.

Mechthild Papousek, Leiterin der Forschungs- und Beratungsstelle „Frühentwicklung und Kommunikation" am Kinderzentrum München, stellt fest, dass es eine typische altersspezifische Symptom-Trias gibt, die bei allen Regulationsstörungen im Säuglingsalter zu beobachten sei. Es sind dies: erstens: die eigentliche Verhaltensauffälligkeit des Säuglings (wie das exzessive Schreien); zweitens: Überforderung der Mutter oder beider Eltern im Umgang mit dem „schwierigen" Säugling und drittens: nicht gut funktionierende Verständigungsmuster zwischen den Eltern und dem Kind, wodurch die Beziehung zu dem Kind zunehmend belastet werden kann.

Bemerkenswert ist, dass aus ihrer Sicht entscheidend für die Verhaltensregulation des Säuglings nicht kognitive, sondern intuitive Kompetenzen sind: Darunter versteht Papousek kulturübergreifende, charakteristische Verhaltensweisen wie langsames Sprechen und Gestikulieren, Anheben der Stimme, Übertreibung von Mimik und Gestik, Sprechen in ausgeprägtem Singsang, Vereinfachung und Ritualisierung der Handlungen u. a., wodurch sich eine emotional offene Interaktion mit dem Kind entfalte.

Niemand trägt „Schuld"

Mit anderen Worten: Wissen um frühkindliche Entwicklung ist gut, hilft aber nicht in der konkreten Interaktion. Intuition entwickelt sich am ehesten dann, wenn das Gefühl von Sicherheit sowohl bei den erwachsenen Bezugspersonen als auch beim Säugling gegeben ist – womit wir wieder bei der polyvagalen Theorie von Porges wären, nach der das über den ventralen Vaguskomplex gesteuerte Stressbewältigungssystem in Verbindung mit genau diesen Verhaltensweisen gebracht wird. Durch die von Papousek beschriebenen intuitiven Verhaltensweisen werden soziale Kompetenz und Kommunikation gefördert. Stephen hat dieses durch den ventralen Vaguskomples aktivierte System entsprechend auch „System Soziales Engagement – SSE" genannt.

In der Konsequenz bedeutet dies, auf der kognitiven Ebene (dem Verstand) alle Beteiligten zu entlasten: Niemand trägt „Schuld". Es geht vielmehr um eine Förderung der Selbstregulation – beim Säugling genauso wie bei seinen erwachsenen Bezugspersonen.

Die Ursache exzessiven Schreiens ist unbekannt. Selbstverständlich muss durch

den Kinderarzt das Vorliegen einer akuten körperlichen Erkrankung, wie Mittelohrentzündung, Harnwegsinfekt, Darmentzündung oder Mangelernährung, ausgeschlossen werden. Auch wenn häufig von „Dreimonatskoliken" gesprochen wird, sind sogenannte gastrointestinale Bedingungsfaktoren bei maximal fünf Prozent der Säuglinge die alleinige Ursache für exzessives Schreien.

Wenn klar ist, dass keine akute Erkrankung die „Ursache" für das exzessive Schreien ist, wird – meist aufgrund von Erfahrung – empfohlen, dass eine Eltern-Kind-Beratung, gegebenenfalls bei schwerem Verlauf auch eine Eltern-Kind-Psychotherapie, wirksame Mittel zur Behandlung sein können. In der Beratung gilt es hauptsächlich, die Aufmerksamkeit auf die Eltern-Kind-Interaktion zu lenken. Es wird beschrieben, dass eine Eltern-Kind-Beratung von ein bis fünf Beratungssitzungen oft ausreiche. Ziel sei die Stärkung der intuitiven Fähigkeiten der Eltern. Schließlich wird empfohlen, auch Entspannungszeiten für die Mutter oder die erwachsenen Bezugspersonen ohne das Kind zu „verordnen".

↓ *Die Ursachen suchen: Liegen dem Schreien eventuell akute körperliche Erkrankungen zu Grunde?*

Ist mein Kind ein Temperaments-bolzen oder gestört?

Die Wissenschaft geht heute auch der Frage nach, ob viele Kinder bereits mit einer Prädisposition zu „emotionalen Überreaktionen" geboren werden, wobei eine Differenzierung zwischen angeborenem „Temperament des Kindes" und Erziehung schwer möglich ist. Auch wenn sich bei der überwiegenden Mehrzahl der Säuglinge das Störungsbild nach drei bis sechs Monaten zurückbildet, ist aufgrund der Intensität der Symptomatik, der daraus resultierenden Konsequenzen und des Leidens aller Beteiligten eine erfolgversprechende Intervention von großer Bedeutung.

Die Vermutung einer emotionalen Überreaktion und Übererregbarkeit von Säuglingen, die später exzessives Schreien entwickeln, sowie die Einordnung als „Regulationsstörung" machen deutlich, dass Dysbalancen im vegetativen Nervensystem (ANS) beim Verständnis des Schreiens und für die Behandlung große Bedeutung haben könnten. Auf der Grundlage der polyvagalen Theorie ist zum einen eine Dysregulation des vegetativen Nervensystems denkbar. Möglicherweise können auch Verzögerungen der Entwicklung des vagalen Systems

eine Rolle spielen. Beides hat zur Folge, dass die Selbstregulation und Fähigkeit zur Selbstberuhigung („innere Bremse") nicht ausreichend ausgeprägt sind.

Hier setzt die Behandlung von Säuglingen mit AVWF an. Durch die Stimulation mit frequenzmodulierten Schallwellen, die die ventralen Vaguskerne aktivieren, wird nicht nur das exzessive Schreien reduziert, sondern auch Fähigkeit zur Selbstberuhigung gefördert. Dies macht dann den Weg frei für eine Verbesserung der intuitiven, nonverbalen Kommunikation des Säuglings mit der erwachsenen Bezugsperson und mündet in einer sicheren Beziehung.

→ *Kinder haben die Fähigkeit zur Selbstregulation und Selbstberuhigung – wenn alle Systeme ungestört funktionieren.*

„Sie schrie einfach immer"

Z wei Kinder, die von der audiovisuellen Wahrnehmungsförderung deutlich in ihrer Entwicklung profitiert haben,
sind Leo und Ina Montagnolli aus Arzl bei Innsbruck.
Ihre Mutter Iris berichtet im Interview von ihren Erfahrungen
mit der AVWF-Methode.

↑ *Iris Montagnolli und ihre Kinder Leo und Ina haben mit AVWF gute Erfahrungen gemacht.*

Frau Montagnolli, wie würden Sie Ihre beiden Kinder Leo und Ina in den ersten Lebensmonaten beschreiben?

Leo war ein sehr ängstliches Kind, das sich nur im Kreise der Familie wirklich wohlgefühlt hat. Er hat in den ersten Monaten sehr viel geschrien und ist nachts immer wieder aufgewacht. Wenn er munter war, brauchte er immer Körperkontakt, um sich zu beruhigen. Der Kinderwagen blieb bei ihm unbenutzt, da Spazierengehen im Wagen einfach unmöglich war. Das Schreien hat sich erst mit zirka sieben Monaten gebessert. Leo blieb aber weiterhin extrem lärmempfindlich. Er hatte sowohl im Haus als auch draußen panische Angst vor lauten Geräten wie Mixer, Staubsauger oder auch vor landwirtschaftlichen Fahrzeugen oder Motorrädern. Autofahren war fast unmöglich!

Bei Ina habe ich von Geburt an beim Essen extrem aufgepasst, aber sie reagiert noch schlimmer als Leo in den ersten Monaten. Es gab keine bestimmte Schreizeit, sondern sie schrie einfach immer, wenn sie aufwachte! Sie ließ sich nur von mir beruhigen, im Unterschied zu Leo, der auch die nächsten Familienmitglieder wie Papa und Omas ak-

zeptierte. Ina reagierte richtig panisch, wenn sie Fremde auch nur anschauten oder wenn jemand neben ihr lauter sprach. Nachts wachte sie alle zwei Stunden auf oder brüllte überhaupt durch und war nur durch Stillen zu beruhigen. Weder bei ihr noch bei Leo gab es dieses typische soziale Lächeln, sie wirkten beide stets angespannt und ängstlich.

Wie haben sich ihr Mann und Sie auf die Bedürfnisse Ihrer Kinder eingestellt?

Wir blieben in dieser Zeit die meiste Zeit daheim und hatten auch sehr wenig Sozialkontakt, da ich bei Freundinnen oder auf dem Spielplatz auf sehr wenig Verständnis stieß. Mir wurde ständig das Gefühl gegeben, ich würde etwas falsch machen, und ich bekam viele Ratschläge, unter anderem, ich solle doch abstillen. Wir haben auch wirklich vieles probiert, sicher an die 20 verschiedene Schnuller, Massage und so weiter. Gäste haben es bei uns kaum ausgehalten, man kann sich dieses Weinen auch nicht vorstellen, wenn man es nicht kennt: Das ist nicht Hunger oder sonst etwas, sondern die totale Verzweiflung! Bei Ina hatte ich praktisch keine fünf Minuten für mich, da ich sie immer im Arm hatte oder nur blitzschnell unter die Dusche sprang, während sie beim Papa brüllte.

Ina begann mit drei Monaten mit der Audiovisuellen Wahrnehmungsförderung. Wie hat sie sich nach den ersten Behandlungen verändert?
Ina hat kurz vor Weihnachten mit der AVWF begonnen. Wir haben uns vor dieser Zeit schon gefürchtet, da neben dem Weihnachtsfest noch andere Familienfeiern auf dem Programm standen. Doch Ina hat sich schon nach fünf Einheiten so extrem verändert, dass wir dachten, wir hätten ein anderes Kind! Mein Mann durfte sie plötzlich halten, Verwandte konnten zu ihr hingehen, und sogar die Omas hatten sie ohne Schreien auf dem Arm. Vor allem in ihrem Gesicht sah man eine klare Veränderung. Sie wirkte viel entspannter, offener. Sie schlief auch bald in der Nacht besser, brauchte allerdings weiterhin viel Körperkontakt.

Im Laufe der weiteren Behandlungen gab es auch kein Schreien beim Rausgehen mehr, Ina nahm ihre Umwelt jetzt bewusst und interessiert wahr. Unser Leben hat sich mehr und mehr normalisiert, nun war es auch möglich, ohne Stress einzukaufen oder neue Spielplät-

ze zu entdecken. Heute ist Ina ein lebensfrohes, unerschrockenes Kind, das alles ausprobiert, auch ohne Mama auf Entdeckungsreise geht und anderen Menschen offen begegnet.

Leo hat die AVWF erst mit zwei Jahren gemacht. Warum haben Sie sich bei ihm für eine Behandlung entschieden?
Da Ina so gut und so schnell auf die AVWF angesprochen hatte, waren wir uns sicher, dass es für ihr Schreien andere Ursachen als Verdauungsschmerzen geben musste. Leo war zu diesem Zeitpunkt immer noch extrem ängstlich und lärmempfindlich, auch in der Nacht, wirkte ständig angespannt und lächelte kaum. Er blieb stets in meiner Nähe, wollte nie alleine spielen. Er schien immer kurz vor einer Panikattacke zu stehen. Wenn uns befreundete Männer mit tiefen Stimmen besuchten, saß er nur auf meinem Schoß. Zudem waren wir in eine Wohnung neben einer Straße übersiedelt, die ständig neue motorisierte Lärmquellen bot.

Wie hat sich Leo seither entwickelt?
Erste Verbesserungen fielen uns recht schnell beim Schlafverhalten auf. Leo

↑ *Ina und Leo haben auf die AVWF-Behandlung sehr gut angesprochen. Sie sind heute viel selbstbewusster, mutiger und fröhlicher als zuvor.*

schlief länger durch. Dann spielte er auf einmal alleine in seinem Zimmer und ging sogar ohne Begleitung in den Garten, was vorher unmöglich war! Auch am Spielplatz konnte er sich langsam ohne Angst von mir entfernen. Er beschäftigte sich viel länger alleine und blieb bei einer Sache. Auch die Lärmempfindlichkeit ist weg, heute will er sogar bewusst „Baustelle oder Traktor schauen" gehen. Leo ist ein richtig aufgeweckter Bub geworden, er ist viel selbstbewusster und lacht so viel! Am Spielplatz sausen jetzt beide mutig davon! Der Einstieg in den Kindergarten war nach dieser durch AVWF angestoßenen Entwicklung überhaupt kein Problem für Leo, obwohl wir ob des Lärmpegels etwas besorgt waren. Er ist nach wie vor ein sensibles Kind, das manchmal eine Rückzugsmöglichkeit braucht, die er dort auch bekommt und sich auch nimmt.

Wachsen an den eigenen Möglichkeiten: das Baumprinzip

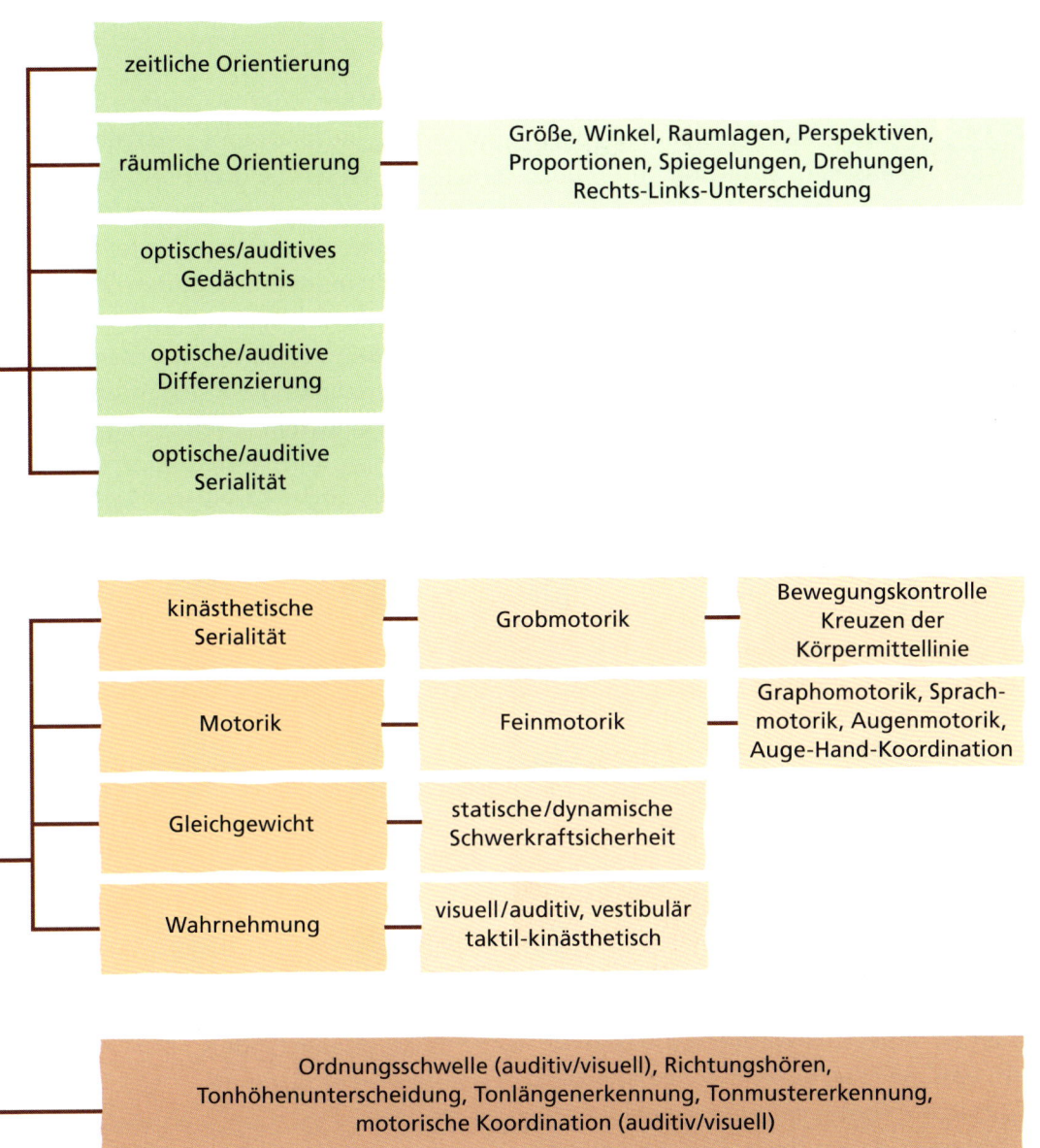

Jeder ist intelligent!

Der US-Psychologe und Neurologe Howard Gardner stellt fest, dass Menschen aufgrund ihrer unterschiedlichen Intelligenzschwerpunkte Dinge unterschiedlich auffassen, verstehen und lernen. Intelligenz kann aus seiner Sicht nicht an einer einzigen ganzheitlichen Denkkapazität festgemacht werden. Vielmehr handele es sich um einen Satz von Fähigkeiten oder Techniken des Problemlösens, mit dem das Individuum echte Probleme oder Schwierigkeiten bewältigen oder ein Produkt erschaffen kann. Intelligenz muss also immer auch gleichzeitig das Potenzial enthalten, Probleme zu erkennen. Denn darin liegt nach Gardner die entscheidende Vorbedingung für den Erwerb neuen Wissens.

Er geht deshalb im Gegensatz zu herkömmlichen Intelligenzkonzepten von mehreren Komponenten der Intelligenz aus, wie nebenstehend aufgezeigt.

Grundsätzlich verfügt jeder Mensch über die Fähigkeit, alle diese Intelligenzen zu aktivieren, einzelne Intelligenzen stärker, andere schwächer. Zu beachten ist, dass der Wert einzelner Intelligenzen kulturell vorbestimmt wird. Sie sind auch abhängig davon, was die jeweiligen

Gesellschaften oder Kulturkreise als notwendig, nützlich und schätzenswert erachten. Westliche Kulturen fördern beispielsweise eher die logisch-mathematische und linguistische Intelligenz, während in anderen Kulturen andere Intelligenzen im Vordergrund stehen. Ein gutes Beispiel dafür sind das räumliche Wahrnehmungsvermögen und die körperlich-kinästhetischen Fähigkeiten der Seefahrer einer Inselgruppe Mikronesiens, die ohne Landkarte zwischen Hunderten von Inseln umherfahren.

Logisches Denken,
Freude am Umgang
mit Zahlen,
Umgang mit Zeit

Innere Sprache,
mentale Vorstellung,
Sprachverständnis,
präziser Ausdruck

Körpersprache, Körperausdruck, Mimik, Gestik

Harmonie, Rhythmus, Part-Whole-Verarbeitung

Raumerfassen, perspektivisches Denken, strategisches Planen

Musikalische Intelligenz

Räumliche Intelligenz

...gisch-mathematische Intelligenz

Körperlich-kinästhetische Intelligenz

Intrapersonale Intelligenz

Selbsteinschätzung, Selbstbedürfnisse, Selbstverwirklichung, Selbstumgang

Linguistisch/ sprachliche Intelligenz

Inter-personale Intelligenz

Fremdeinschätzung, Fremd-Umgang, soziale Integration

Die einzelnen Intelligenzen im Überblick

Die räumliche Intelligenz

Räumliche Intelligenz ist die Fähigkeit, die sichtbare Welt zu erfassen und zu modifizieren. In unserem Alltag kommen räumliche Fähigkeiten bei einer Vielzahl von Lebenssituationen zum Tragen, etwa bei der Orientierung im Gelände, bei der Wiedererkennung von Objekten, beim Umgang mit zwei- und dreidimensionalen Abbildungen der realen Welt, beim Umgang mit Symbolen, Karten und geometrischen Formen, beim Schätzen von Größen, Winkeln, Proportionen und Entfernungen, beim perspektivischen Denken und strategisch-räumlichen Handeln. Beim Navigator und beim Bildhauer ist diese Intelligenz besonders gut ausgeprägt. Sie scheint mit der räumlichen Intelligenz in einem besonders engen Zusammenhang zu stehen.

Die logisch-mathematische Intelligenz

Die Grundlagen dieser Intelligenz erwirbt ein Kind bereits, wenn es beginnt, sich mit seiner Umwelt und den Objekten auseinander zu setzen, diese zu ordnen und die Quantitäten zu erfassen. In der weiteren Entwicklung lösen sich die Denkprozesse vom Gegenständlichen.

Das Denken wird abstrakt. Bis dieses Ziel erreicht ist, werden viele komplexe Entwicklungsschritte durchlaufen. Komponenten dieser Intelligenzform sind:

- Form- und Mustererkennen
- Erkennen quantitativer Unterschiede und Relationen
- Abstraktionsvermögen
- analytisches Denken
- systematisch-planvolles Handeln

Die linguistisch/sprachliche Intelligenz

Die linguistische Intelligenz ist eine in allen Kulturen hoch geschätzte und die umfassendste aller Intelligenzen. Sie ist verantwortlich für:

- den sicheren Umgang mit der Sprache
- analytisches Denken und Verstehen
- die Fähigkeit, komplizierte Sachverhalte zu erklären
- die Fähigkeit, in Diskussionen sicher und überzeugend zu argumentieren
- präziser Ausdruck

Die körperlich-kinästhetische Intelligenz

Den eigenen Körper in hochdifferenzierter Weise einzusetzen, um Dinge auszudrücken oder eine Leistung zu erzielen, ist das Merkmal der körperlich-kinästhetischen Intelligenz. Ein Pantomime mit seinem Mienenspiel und seinen virtuosen Bewegungen manifestiert beispielhaft diese Intelligenz. Die körperlich-kinästhetische Intelligenzform umschreibt zwei Aspekte:

- die optimale Kontrolle der eigenen Körperfunktionen (z. B. bei Tänzern und Schwimmern)
- die kunstvolle, geschickte Manipulation von Objekten (z. B. bei Bildhauern, Pianisten und Fußball- bzw. Handballspielern)

Die personalen Intelligenzen

Gardner benennt in seiner Theorie zwei Formen der personalen Intelligenz, die beide etwas mit der Beziehung zur Person zu tun haben.

Die intrapersonale Intelligenz

beschäftigt sich mit der eigenen Person, d. h. sie bezieht sich auf

- das Erkennen eigener Bedürfnisse, Gefühle und Belastungsgrenzen
- die Fähigkeit zur Eigenakzeptanz
- soziale Integrationsfähigkeit bzw. notwendige Abgrenzungen

Die interpersonale Intelligenz

hat zu tun mit der Beziehung zwischen Personen und beinhaltet die Fähigkeit, andere Menschen in ihren Bedürfnissen und Gefühlen zu verstehen, ihre Kommunikationsmöglichkeiten und Belastungsgrenzen zu erkennen.

Beide Formen der personalen Intelligenz stehen in einem starken Abhängigkeitsverhältnis, denn keine kann sich ohne die jeweils andere entwickeln.

Die musikalische Intelligenz

Die Komponenten der musikalischen Intelligenz sind die Fähigkeiten, die Melodie, die Klangfarbe des Tons und die Tonhöhe zu unterscheiden. Sie ermöglicht u. a.:

- aufmerksames Zuhören
- Rhythmusgefühl
- melodisches, akzentuiertes Sprechen
- scheint mit der räumlichen Intelligenz in engem Zusammenhang zu stehen

Der Ton macht die Musik

W as Sprache ausmacht, zeigt sich noch immer am deutlichsten dann, wenn wir kein Wort verstehen. Zum Beispiel beim Urlaub in fernen Ländern. Eine unbekannte „Fremd"-Sprache nehmen wir als Laute wahr, als Krächzen, Glucksen und Zungenakrobatik – ohne Inhalt und Bedeutung – lediglich die Lautstärke lässt eventuell Rückschlüsse auf den Grad der Erregung zu, die mit der Aussage verbunden ist. Es lohnt sich, einmal genauer hinzuschauen, was den Unterschied ausmacht, dass wir Laute wie selbstverständlich decodieren, in Sprache übersetzen, die Inhalte im Gehirn verarbeiten und uns damit austauschen können.

Die Grundlage unserer Sprache schafft die Sprachmelodie (Prosodie). Die basale Stufe der Spracherkennung bildet vor diesem Hintergrund die Entschlüsselung der Tonhöhe und Tonlänge. Um Sprache differenziert erfassen zu können, müssen wir wahrgenommene Laute zunächst einmal eindeutig bestimmen und von anderen Lauten unterscheiden. Voraussetzung dafür ist, dass selbst minimale Unterschiede innerhalb von Tonfolgen erkannt werden können. Und genau da beginnen oft schon die Probleme: Wenn

sich etwa besonders kurze Laute nur minimal von anderen unterscheiden, können sie von manchen Menschen kaum auseinander gehalten und nicht korrekt geschrieben werden. Ihnen fällt dann beispielsweise die Unterscheidung der sogenannten Plosivlaute schwer: d und t klingen für Kinder mit mangelnder Differenzierungsfähigkeit gleich, genauso wie b und p oder g und k. Auch die Unterscheidung langer und kurzer Vokale bereiten ihnen oft Schwierigkeiten; „den" und „denn" können sie nicht auseinander halten, „im" und „ihm", „in" und „ihn", „Beet" und „Bett" oder „Rasen" und „Rassen" fließen für sie in einem nicht mehr zu unterscheidenden Sprachbrei zusammen.

→ *Flüstern macht Kindern Spaß. Aber nur, wenn auch die Feinheiten gehört werden.*

↑ *Die Low-Level-Funktionen entscheiden auch die Lernfähigkeiten. Hier sind musizierende Kinder im Vorteil.*

Auf die Sprachmelodie kommt's an

W as heißt das für die Ausbildung von Sprache und Sprachfertigkeiten? Die Fähigkeit, Tonhöhen voneinander zu unterscheiden, ist wichtig für das Erkennen der Sprachmelodie und damit für das Sinnentnehmen und Sinnverstehen akustisch wahrgenommener Inhalte. So unterscheiden sich beispielsweise die Sätze „Du bist fleißig!" und „Du bist fleißig?" nur hinsichtlich der Tonhöhe. Kann ein Kind diese nicht unterscheiden, wird es mit steten Missverständnissen konfrontiert und irritiert. Diese Folgen sind weitreichend und gravierend: Es vermag angesichts dieser unterentwickelten basalen Fähigkeiten nur wenig betont zu lesen und hat Schwierigkeiten mit einer Sinn gebenden Ausdrucksweise.

Zwar haben die sogenannten Low-Level-Funktionen (siehe auch Kapitel 7 ab Seite 148) noch keinen unmittelbaren Bezug zur Sprache, sie sind aber grundlegend für das Erkennen von Lauten, Silben, Wörtern und schließlich für das Verstehen sprachlicher Kontexte, also für die höheren Entwicklungsstufen der Sprachkompetenz. Daher können Probleme im Schriftspracherwerb ein Hinweis sein auf nicht ausreichend entwickelte Low-Level-Funktionen.

In einem AVWF-Schulprojekt mit 5. und 6. Klassen an einer Hauptschule fielen im Rahmen von regelmäßigen Tests der Low-Level-Funktionen einige Besonderheiten auf. So zeigten sich bei Tests der Tonlängenunterscheidung oftmals große Unterschiede. Bei der Ursachenforschung stellten die Tester unter anderem Fragen nach Hobbys und Freizeitgestaltung der rund 500 Probanden. Das Ergebnis war überraschend eindeutig: Es zeigte sich, dass Kinder mit einer Musikausbildung gegenüber nicht musizierenden Altersgenossen einen deutlichen Vorsprung hatten.

Der kleine Unterschied

I m Rahmen der AVWF-Förderung wurden die Schüler immer wieder getestet und nachgetestet. Dazu hörten die Probanden über einen an das Testgerät angeschlossenen Kopfhörer zwei verschieden hohe Töne. Sie müssen dann entscheiden, in welcher Reihenfolge sie die hohen und tiefen Töne gehört haben. Bei einer richtigen Entscheidung verringerten sich die Intervalle der Töne, bis der Proband keinen Unterschied in den wahrgenommenen Tonhöhen feststellen kann. Ein Prozentwert gibt dabei an, wie die Tonhöhen voneinander ab-

↓ *Ein einfacher Test, der viel aussagt: Tonhöhenerkennung mit Kopfhörer.*

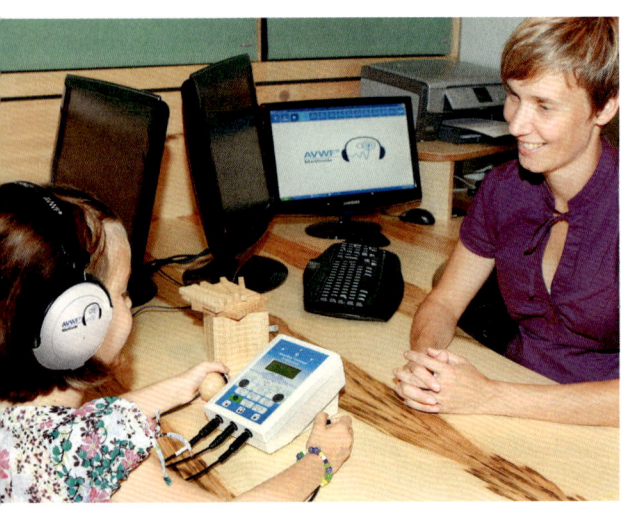

weichen müssen, um als unterschiedlich wahrgenommen zu werden.

Die Tests der Tonhöhenunterscheidung brachten zum Teil verblüffende Ergebnisse. Schafften einige der Probanden nicht einmal den Normwert von 21 Prozent, überraschten andere mit Werten von 5, 3 und einige mit unglaublichen 1 Prozent. Die positiven „Ausreißer" waren oft Kinder, die schon im Kindergarten Musik gemacht haben. Wer weniger als zehn Prozent Tonhöhenunterschied benötigte, hatte zumeist in der Vergangenheit durchgängig ein Musikinstrument gespielt. Einigen Gitarrenspielern reichten 7 Prozent, vielen Klavierspielern nur 5 Prozent. Streicher wiesen überwiegend Werte von 3 Prozent auf. Überraschenderweise kamen geübte Blockflötenspieler auf einen sehr niedrigen Wert von nur 2 Prozent Unterschied. Den Top-Wert von 1 Prozent erzielten in dem AVWF-Schulvorhaben Kinder aus einem Posaunen-Chor. Das Spielen von Blasinstrumenten schult offenbar die Fähigkeit zu hoch differenzierter Tonhöhenunterscheidung. Nach der AVWF waren die Werte der Hobby-Musiker bei Tonhöhen-Unterscheidungstests sehr stabil. Die Methode wirkt.

Fit dank Flöte

D ie Fähigkeit, Tonhöhen zu unterscheiden, ist wesentlich für die
Spracherkennung, die allgemeine Differenzierungsfähigkeit und
damit für das Lernen und das Lerntem-
po. Im Normbereich von 21 Prozent ist
es maximal möglich, einen Ton mit einer
Frequenz von 200 Hertz als höher ein-
zustufen, wenn der als nächstes unter-
scheidbare Ton mindestens 242 Hertz
aufweist. Kinder mit 1 Prozent Höhen-
unterscheidung, oft sind dies versierte
Blasmusiker, können 200 Hertz von 202
Hertz unterscheiden. Blockflötenspie-
lern reichen oft 2 Prozent. Fazit: Kinder
sollten früh mit Musik und Instrumenten
gefördert werden. Ran an die Flöten!

↑ *Blockflötenspieler sind oft herausragend gut in der Tonhöhenunterscheidung.*

Mit dem Turbo unterwegs: der Schall.
Mit 343 Metern pro Sekunde (bei 20 Grad Celsius) bewegt
sich Schall in der Luft rasend schnell – umgerechnet sind das
gut 1.200 Stundenkilometer. Geräusche sind also zehnmal
so schnell wie ein Auto, das auf der Autobahn mit Tempo
120 Kilometer fährt. Im Wasser breitet sich Schall sogar
noch sehr viel schneller aus: mit 1.480 Metern pro Sekunde.
Für Schallgeschwindigkeit müsste ein U-Boot also gut 5.300
km/h erreichen, bei einem Flugzeug dagegen reichen die
besagten gut 1.200 km/h.

Quelle: www.dasgehirn.info

AHA!

Auf dem Weg zum sicheren Ich

Die eigenen Ressourcen optimal nutzen zu können, macht das Leben und Lernen im Miteinander nicht nur leichter, sondern führt auch deutlich schneller zum Erfolg in Schule, Sport und Kultur. Davon kann beispielsweise die Mutter einer jungen Sportlerin berichten. Ihre Tochter spielt in einer Auswahlleistungsmannschaft Handball und war auf dem Sprung zur Hessenauswahl. Probleme bereitete ihr allerdings, nicht abschalten zu können. Damit gingen dann Versagensängste einher. Keine guten Voraussetzungen für sportlichen Erfolg, erst recht keine guten Voraussetzungen, um sich in der eigenen Haut wohlzufühlen. „Schon nach der zweiten Sitzung im AVWF-Neurocoaching habe ich eine positive Veränderung bemerkt", stellt die Mutter fest. Sportlich ging es spürbar aufwärts. „Meine Tochter hat einen super Überblick über das Spiel sowie über ihre Mitspieler bekommen. Sie sieht und erkennt Dinge im Spiel so schnell, dass andere teilweise nicht mitkommen und setzt diese sofort um." Mindestens genauso wichtig wie die sportliche ist

für Mutter und Tochter auch die schulische Entwicklung: „Sie kann mittlerweile gut loslassen, hat keine Versagensängste mehr und ist offen gegenüber neuen Situationen."

Eine andere Mutter berichtet von ihrem neunjährigen Sohn: „Mein Kind hatte in der Schule massive Schwierigkeiten in Mathematik und mit der Konzentration. Hinzu kamen Migräneanfälle. Es stellte sich heraus, dass er Dyskalkulie und Schwierigkeiten mit der Wahrnehmung hatte." Nachhilfe und Ergotherapie hatten keine Ergebnisse gebracht. Erst die AVWF-Methode brachte die Wende zum Besseren. „Es änderte sich schon nach dem zweiten Tag", berichtet die Mutter. „Unser Sohn hat wieder ordentlich gegessen, ist ruhiger geworden, es gibt weniger Streit. Auch die Migräne ist weg, er schläft untertags nicht mehr und in der Nacht wesentlich besser. Er ist selbstbewusster, nicht mehr so nervös und stottert auch nicht mehr. Er kann seine täglichen Aufgaben im Kopf bewältigen, was vorher nicht ging." Auch die Lehrerin hätte bestätigt, dass der

← *Gut für Schule und Sport: AVWF hilft auch der Handballspielerin.*

Junge bessere Mitarbeit leiste. Er sei selbstständiger bei seinen Hausaufgaben. Die Bilanz der Mutter: „Der Erfolg spricht für sich, mein Kind findet sich in seinem Leben besser zurecht, und der ganzen Familie hat es auch gut getan."

Die Konzentration bleibt

Ein Schüler und Sportler aus Bielefeld berichtet von seinen Erfahrungen mit dem regelmäßigen AVWF-Hören in der Realschule Jöllenbeck. „Mir sind bei mir sehr schnell gleich mehrere Veränderungen aufgefallen: Ich schlafe viel besser und fühle mich morgens nach nur sechs bis sieben Stunden Schlaf extrem ausgeruht und topfit für den Tag. Meine Aufnahmefähigkeit hat sich erhöht und meine Konzentration bleibt über den gesamten Tag bis in den Abend hinein konstant." Richtige Stresssituationen kenne er nicht mehr. „Ich bin rundweg tiefenentspannter, nehme viel mehr ‚schöne' Momente im Leben viel bewusster wahr und genieße sie dementsprechend intensiver." Der Sport (Handball, Joggen, Krafttraining) falle ihm viel leichter. „Ich bin definitiv leistungsfähiger."

Die AVWF-Methode bietet aber auch verschiedene Ansätze in der Verhaltenstherapie. Davon berichtet AVWF-Coach Ulrich Meißner. Er arbeitet mit der AVWF-Methode unter anderem auch mit Kindern und Jugendlichen mit Alter von acht bis 14 Jahren aus einer Jugendwohlfahrtseinrichtung in der Steiermark. Deren Diagnose lautet in der Regel: „starke Verhaltensstörungen". Diese zeigen sich oft an zum Teil schweren Schnittverletzungen an den Armen, die sich Jugendliche selbst zugefügt haben. „Wir haben es hier oft mit besonders starken dissozialen Verhaltensmustern zu tun. Hinzu kommt eine starke soziale Verweigerungshaltung, die sich innerhalb der Gruppe und auch in der Schule auswirkt", berichtet Meißner. Auch körperliche Übergriffigkeiten seien zu beobachten. Die Elternhäuser seien in diesen Problemstellungen entweder nicht ansprechbar oder verweigerten ihre Mithilfe.

Coole Musik gegen die Selbstzerstörung

Die Jugendlichen erlebten die zehn AVWF-Sitzungsstunden entweder allein oder zu zweit. „Zunächst wollten die Jungen die Sitzungen gar nicht mitmachen", sagt Meißner. „Sie hielten das für unter ihrer Würde. Die andern Gruppenmitglieder würden sie sicher auslachen. Dieses Verhalten und Denken verlor sich rasch, da sie dabei so ‚coole Musik' hören durften." Dabei konnten sie auch Game Boy spielen, was sie aber alle nach kurzer Zeit bleiben ließen. „Die zunächst übliche Unruhe der einzelnen Klienten verschwand bald", so der AVWF-Trainer. „Besonders der Junge mit den selbstzerstörerischen Tendenzen genoss die Ruhe und die Musik, die er sich selbst hatte aussuchen dürfen." Bereits zum Ende der Behandlungsdurchführung zeigte sich bei allen Teilnehmern eine Beruhigung im Verhaltensmuster.

Die Gruppenbetreuer berichteten, dass sich nach einem viertel Jahr die Situation eines jeden Teilnehmers in Bezug auf sein Verhalten in der Gruppe und den Erwachsenen gegenüber verändert habe. „Dabei zeigte sich in allen Fällen eine Verhaltensverbesserung im positiven Sinne. Die Teilnehmer waren besser in die jeweiligen Gruppen integriert und nahmen auch aktiv an den gemeinsamen Aktivitäten teil, von denen sie sich vorher gern ausgeschlossen hatten", berichtet Meißner. „Die Betreuer beobachteten, dass sich die Jugendlichen ihnen gegenüber leichter öffneten, über ihre Probleme sprechen konnten und dabei die Thematik sachlich und weniger emotional angingen. Weil nach einigen Monaten die positive Haltung in sich zusammen zu fallen drohte, wurde nach einem halben Jahr eine zweite AVWF-Behandlung mit wieder zehn Sitzungen durchgeführt. Danach wurde bei allen Beteiligten eine dauerhafte positive Verhaltensform in den Wohngruppen, den Schulen und der Arbeitswelt festgestellt. „Vor allem der Junge mit den selbstzerstörerischen Tendenzen hat sich total ins Positive gewendet", freut sich Meißner. „Er hat die Schule abgeschlossen und eine Ausbildung begonnen, in der er sich sichtlich wohlfühlt. Die Erfolge in Berufsschule und Arbeitswelt wirken zusätzlich positiv verstärkend. Er ist in einem eigenständigen Leben angekommen."

↓ *Spielerisch zum Erfolg: AVWF verbindet Musikhören und Lernspiele.*

4

Schule, die
Schule macht

Klassenk(r)ampf: Schüler im Stress

Kinder stehen in der Schule mehr denn je unter Druck. Die Angst, ohne guten Schulabschluss schlechte Berufschancen zu haben, überträgt sich von den Eltern auf ihren Nachwuchs. Dies führt zu Stress, der bei vielen Kindern so hoch ist wie bei Erwachsenen. Die Folgen können Angstzustände, Aggressivität, Schlafstörungen, aber auch Lethargie sein.

In der Aufmerksamkeitsfalle

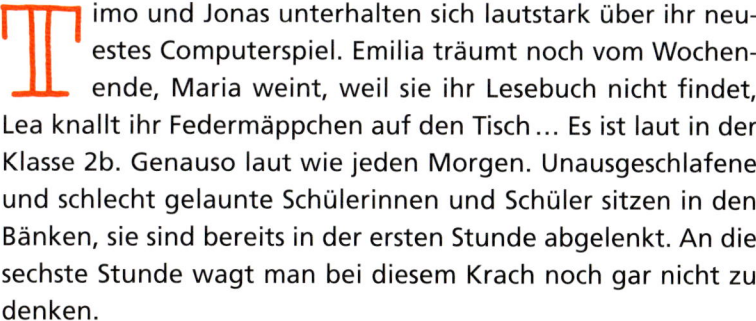

Timo und Jonas unterhalten sich lautstark über ihr neuestes Computerspiel. Emilia träumt noch vom Wochenende, Maria weint, weil sie ihr Lesebuch nicht findet, Lea knallt ihr Federmäppchen auf den Tisch… Es ist laut in der Klasse 2b. Genauso laut wie jeden Morgen. Unausgeschlafene und schlecht gelaunte Schülerinnen und Schüler sitzen in den Bänken, sie sind bereits in der ersten Stunde abgelenkt. An die sechste Stunde wagt man bei diesem Krach noch gar nicht zu denken.

Sei es durch Tagträume oder die Unterrichtsstörungen ihrer Mitschüler – viele Kinder zeigen bereits in der Grundschule deutliche Stresssymptome, sind unfähig, Informationen zu filtern und zu bewerten, flüchten offensichtlich vor Problemlösungen und können Arbeitsanweisungen nicht umsetzen. Mit solchen Problemfeldern sind Lehrkräfte in der Grundschule häufig konfrontiert. Aufmerksamkeit und Konzentration sind im heutigen Schulalltag längst keine Selbstverständlichkeit mehr.

Diese Fähigkeiten sind aber eine der wichtigsten Voraussetzungen, um überhaupt Lernerfolg zu erzielen und Leistung zu erbringen. Mit AVWF können Lehrer und Erzieher diesen Schwierigkeiten entgegentreten und sowohl Konzentration und Aufmerksamkeit sowie die Fähigkeit zum konstruktiven sozialen Miteinander steigern.

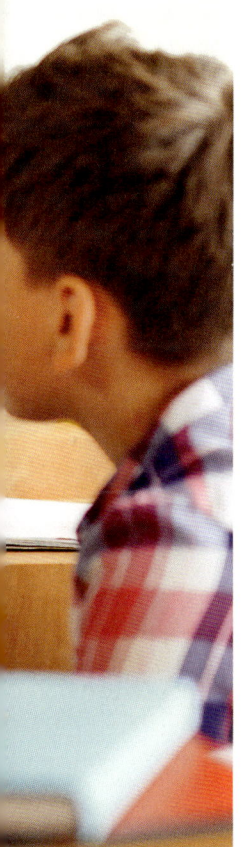

← *In Klassenzimmern geht es immer öfter hoch her – die einen fahren komplett hoch, andere ziehen sich in Lethargie zurück. Das Lernen bringt beides nicht voran.*

Das Unterbewusste stimulieren

Mit der AVWF-Methode können bei Kindern und Jugendlichen die Lern- und Aufnahmefähigkeit, die Motorik sowie die mentale und körperliche Leistungsfähigkeit nachweislich verbessert werden. Dabei werden im Unterbewusstsein bereits vorhandene biogenetische Muster neu stimuliert. Das autonome Nervensystem und damit auch das Lernvermögen werden positiv beeinflusst und die Reizverarbeitung verbessert.

In einem Zeitraum von zwei bis drei Wochen wird eine zehntägige audiovisuelle Wahrnehmungsförderung (AVWF) an der Schule durchgeführt. Während dieser Zeit bekommen die teilnehmenden Kinder einmal täglich jeweils eine Stunde lang schallmodulierte AVWF-Musik über Kopfhörer dargeboten. Während dieses 60-minütigen Trainings arbeiten die Kinder an ihren Schulaufgaben oder an PC-Lernprogrammen.

Vor und nach der AVWF erheben die AVWF-Trainer in Zusammenarbeit mit den beteiligten Lehrern unterschiedliche Messdaten zu den Low-Level-Funktionen, zur Konzentration und Aufmerksamkeit. Über einen Elternfragebogen fließt auch das Verhalten des Kindes außerhalb der Schule in die Analyse mit ein.

→ *AVWF-Training ist problemlos in den Schulalltag zu integrieren. Während der Schalltherapie können die Schüler Hausaufgaben machen oder mit Lernprogrammen arbeiten.*

Schneller schalten mit allen Sinnen

Als besonders guter Indikator für die Wahrnehmungsgeschwindigkeit hat sich die Erhebung der Low-Level-Funktionen erwiesen. Diese schaffen die Grundlange für das Lernen. Dabei ist die Ordnungsschwelle (visuell und auditiv) ein Maß für die Verarbeitungsgeschwindigkeit des Gehirns. Sie ist entscheidend für den Schulerfolg eines Kindes. Zu hohe Ordnungsschwellen gehen mit Auffassungsschwierigkeiten entweder im visuellen Bereich und/oder im auditiven Bereich einher und führen damit immer zu einem Informationsverlust.

Das Richtungshören ist wichtig für die Lokalisierung einer Schallquelle im Raum, also das Unterscheiden von Nutz- und Störschall. Wenn man bedenkt, dass der Geräuschpegel in Schulklassen oft zwischen 50 und 60 Dezibel liegt, also um nur 10 Dezibel niedriger als die Stimme des Lehrers, so ist es nicht verwunderlich, dass Kinder mit Schwierigkeiten beim Richtungshören die Stimme des Lehrers schlecht orten können und somit extrem leicht ablenkbar sind. Defizitäre

← *Die Verarbeitungsgeschwindigkeit des Gehirns entscheidet über die Fähigkeit, aufmerksam zu sein und dem Unterricht mit Freude folgen zu können.*

Low-Level-Funktionen führen also oft zu Konzentrationsproblemen, schneller Ermüdbarkeit, Schwierigkeiten bei der Sinnentnahme sowie einer geringen Frustrationstoleranz. Durch die AVWF werden Defizite in den genannten Bereichen ausgeglichen. Konzentration und Aufmerksamkeit werden mittels des DLKG, einem Durchstreichtest, erhoben. Erfasst werden zum einen die Quantität (Gesamtzahl bearbeiteter Zeichen) und zum anderen die Qualität der Leistung (prozentualer Fehleranteil). Da viele Arbeitsvorgänge eine konzentrierte Tätigkeit erfordern, ist die Aufmerksamkeit eine weitere wichtige Determinante für den Schulerfolg. Nur wenn ein angemessenes Konzentrationsniveau vorliegt, ist auch von einer annähernd fehlerfreien Bearbeitung verschiedener Aufgaben im Rahmen der eigenen Fähigkeiten auszugehen.

Darüber hinaus wird das Verhalten der Kinder über einen Elternfragebogen erfasst, da sich die AVWF im Allgemeinen auch auf das Zuhause positiv auswirkt.

↓ *Konzentration ist Voraussetzung für jeglichen schulischen Erfolg.*

Informationen vernetzen

Über das Hören von schallmodulierter Musik bietet AVWF den Schülerinnen und Schülern, wieder mit mehr Aufmerksamkeit und Konzentration zu lernen. Bei Wahrnehmungsstörungen, Konzentrationsschwächen, Verhaltensstörungen, Teilleistungsschwächen, Sprachentwicklungsstörungen, motorischen Schwierigkeiten, ADS, ADHS, Hyperaktivität, autistische Züge und Asperger-Autismus zeigt die Methode sehr gute Ergebnisse und positive Veränderungen. AVWF behebt die Ursachen von Lernschwierigkeiten. Man arbeitet nicht wie bei vielen anderen Fördermethoden an den Symptomen. Die AVWF stellt damit aus pädagogischer Sicht die Voraussetzung für weitere Förderkonzepte und Fördermaßnahmen her. Denken wird dabei nicht als linearer Vorgang, sondern als komplexer Prozess verstanden. Die Schüler sind in der Lage, zwischen verschiedenen Gedankengängen hin- und herzuspringen, verschiedene Aspekte einer Thematik auszublenden oder mit Aspekten anderer Thematiken in Beziehung zu setzen. Im Gehirn entsteht beim Lernen eine Art Netzwerk von miteinander in Beziehung stehenden Informationen.

Lernen durch Anhören eines Vortrags oder durch wiederholtes Lesen eines Textes – so wie in Schulen oft praktiziert – wird der Funktionsweise unseres Gehirns nicht gerecht. Ganz abgesehen davon, dass der überwiegende Anteil an Wörtern eines Textes für Erinnerungszwecke völlig irrelevant ist, trotzdem aber Speicherkapazitäten erfordert, die für die eigentlichen Lerninhalte dann nicht mehr zur Verfügung stehen.

So funktioniert AVWF im Schulprojekt

- Vorstellung der AVWF im Kollegium, Elternbeirat, evtl. bei Sponsoren

- Genehmigung durch die Schul-gremien (Gesamt-, Schulkonferenz)

- Elterninformationen (Elternabend und schriftliche Benachrichtigung)

- Schülerinformation (Teilnehmer ca. 120 Schülerinnen und Schüler)

- Vortestung

- 10-tägige Durchführung des Projektes (jeder/jede Teilneh-mer/-in arbeitet 60 Minuten täglich mit AVWF)

- Nachtestung und Auswertung

- Abschlussgespräch

- Möglichkeit, AVWF als festen Bestandteil in das Schulleben zu integrieren

↓ *Schallmodulierte Musik ist der Schlüssel, um kognitive Fähigkeiten ungebremst zur Entfaltung kommen zu lassen.*

Eltern über AVWF-Schulprojekt 2012

„Schon während des zehntägigen Trainings konnten wir bemerken, dass unser Sohn nicht mehr so nervös ist. Normalerweise spielt er immer mit den Fingern an etwas (z.B. Stift usw.) herum, um seine Anspannung abzubauen, das ist weg!! Und das ist sehr ungewöhnlich! AVWF hilft ihm, seine Nerven besser im Griff zu haben. Beim letzten AVWF-Schulprojekt ist uns sehr positiv aufgefallen, dass sich sein Stottern stark verbessert hat und er sich mehr und mehr traut, vor Gruppen zu sprechen."

„Mein Sohn geht regelmäßig zur Pädaudiologin und hatte schon immer Probleme mit dem Hören. Bei einem Kontrolltermin bestätigten uns die Ärzte, dass sich alle Werte verbessert haben. Das bemerken wir auch in seinem Verhalten!"

„Unsere Tochter hat schon letztes Jahr dran teilgenommen und wollte wieder mitmachen. Es hat ihr sehr gut gefallen!"

„Wir haben uns für unseren Sohn schon lange für das AVWF-Training interessiert und wollten eigentlich das individuelle AVWF-Training im Zentrum machen, aber wie schön, dass es jetzt die Möglichkeit eines AVWF-Schulprojekts für ihn gab!"

„Wir haben letztes Jahr sehr gute Erfahrungen mit AVWF bei unserer Tochter gemacht und möchten es nun auch ihrer Schwester ermöglichen."

„Mein Sohn nimmt nun das zweite Mal teil. Es hat sich einiges zum Positiven verändert. Wir wollen ihm nochmals die Chance geben, sich zu stabilisieren."

„Das Arbeitsverhalten und das Erlernen englischer Vokabeln fällt unserer Tochter seit dem AVWF-Projekt wesentlich leichter!"

↑ *Wenn AVWF Schule macht: Das Lernen fällt leichter, das Sozialverhalten verbessert sich.*

E ntspannt den Alltag bewältigen: Unser Sohn Phillip hatte große Probleme in der Schule. AVWF hat schließlich für ihn die Wende gebracht. Schon beim zweiten Nachtest – sechs Wochen nach dem Training im AVWF-Zentrum Hofheim – haben wir auffallende Veränderungen im Verhalten festgestellt. „Es sind so viele Veränderungen innerhalb kürzester Zeit eingetreten, dass es kein Zufall sein kann. Für einen Laien ist es schwer, sich vorzustellen, wie komplex die Auswirkungen des Ohres auf den gesamten Organismus sind, aber wir merken die Veränderungen!" Phillip schläft viel besser ein, entspannt abends leichter und kann gut abschalten. Es kommt nur noch sehr selten vor, dass er abends noch mal aus seinem Bett herauskommt. Seine Konzentrationsfähigkeit hat sich deutlich gesteigert, er macht weniger Fehler in den Klassenarbeiten, was sich auch in den Noten widerspiegelt. Auch beim Abschreiben von Texten unterlaufen ihm deutlich weniger Flüchtigkeitsfehler. Er wirkt insgesamt ruhiger und entspannter und wir sind froh, AVWF durchgeführt zu haben.

5

Richtig lesen und schreiben

Spielend schreiben und lesen lernen...

Wenn die tägliche Hausaufgabe zur Belastungsprobe für die ganze Familie wird und Lesen oder Schreiben trotz aufwendigen und mühenvollen Übens eine Qual für Kind und Eltern bleibt, ist guter Rat oft teuer. Die AVWF-Methode hilft erfolgreich, schreiben zu lernen.

„Ich kann nichts!"

Endlich Schulkind! Am Anfang ist die Freude riesengroß, doch im Laufe der ersten Klasse zeigt sich bei einigen Kindern, dass sie sich mit den Buchstaben schwer tun, während es im Rechnen keine Probleme gibt. Also wird verstärkt Rechtschreibung und Lesen geübt. Anfang der zweiten Klasse ist noch keine Verbesserung eingetreten und man sucht das Gespräch mit dem Lehrer. Dieser sagt, dass sich das Kind nicht richtig konzentrieren kann und zu Hause zu wenig übt. Die Folge: noch mehr üben. An den Problemen ändert sich aber nichts. Im Gegenteil, das Kind wird immer aggressiver, wenn es schreiben oder lesen soll. Die Eltern werden ungeduldiger, da sie nicht verstehen, warum es nicht klappt. Es kommen die ersten Vorwürfe, wie „Hör auf, so zu zappeln, konzentriere dich endlich mal" oder „Das ist doch alles nicht so schwer, warum stellst du dich so an?". Für das Kind bricht eine Welt zusammen. Es weiß, dass es sich die Wörter nicht merken kann, egal wie lange und wie oft es zu Hause geübt wird. Es kommen die ersten Diktate, die zu Hause

so oft geschrieben werden, bis das Kind den Text schon fast auswendig kann. Das Resultat lässt sich sehen, es waren nur ein paar wenige Fehler. Somit werden Eltern bestärkt, zusätzliches Üben hilft doch!

Das Kind kommt in die dritte Klasse, aus den geübten Diktaten werden ungeübte. Das Resultat sieht jetzt anders aus. Note 5 oder sogar 6! Eltern und Kind sind verzweifelt, es wird noch mehr geübt. Es ändert sich aber nichts. Auch das Gespräch mit dem Lehrer bringt nichts Neues, da wieder nur der Rat gegeben wird, zu Hause mehr zu üben.

Nun wäre es an der Zeit, einen Legasthenietest machen zu lassen. Viele Eltern wagen diesen Schritt aber nicht. Entweder weil der Lehrer anderer Meinung ist: „Ihr Kind hat keine Legasthenie, sondern kann sich einfach nicht konzentrieren!" Oder weil sie auf die Möglichkeit einer Legasthenie nicht hingewiesen werden. Die Folge: Das Kind muss sich durch die Schule quälen und die Noten werden schlechter, die Schulunlust nimmt zu bis zur Schulverweigerung. Auch die Persönlichkeit des Kindes wird in Mitleidenschaft gezogen, das Selbstwertgefühl sinkt. „Ich kann nichts, ich bin doof!"

← *Wenn sich aus Buchstaben im Kopf partout keine Bilder formen lassen, wird Lesen zur Qual.*

Defekte Speicher: Legasthenie

W as ist eigentlich „Legasthenie"? Darunter verstehen Wissenschaftler eine Störung der Lese- und/oder Rechtschreibfertigkeit, die ausdrücklich nicht nur auf mangelnde Intelligenz, falsche Beschulung oder auf Sehstörungen zurückzuführen ist. Auch der Bundesverband Legasthenie geht davon aus, dass eine Legasthenie nur dann vorhanden ist, wenn das Kind eine durchschnittliche Intelligenz hat. Es gibt dabei genügend Kinder, die hervorragend lesen können, aber mit der Rechtschreibung auf Kriegsfuß stehen. Damit ist auch die allgemeine These, die übrigens auch von einigen Lehrern vertreten wird, widerlegt, dass man sich über das kontinuierliche und ausdauernde Lesen in der Rechtschreibung verbessern kann.

Inzwischen ist auch bekannt, dass Legasthenie vererbt werden kann. Das trifft auf rund 70 Prozent der betroffenen Kinder zu. Fragt man Eltern legasthener Kinder, ob es in ihrer Familie noch andere Personen mit Problemen im Lesen und/oder Schreiben gibt, erhält man sehr häufig die Antwort, dass ein Eltern- oder Großelternteil oder die Tante in der Schule ebenfalls im Fach Deutsch

seine Schwierigkeiten hatte. Störungen im Bereich der Sprachwahrnehmung und Sprachverarbeitung sind weitere Ursachen. „Eine intakte Wahrnehmung erleichtert das Lernen des Schreibens, Lesens und Rechnens" (Dr. Kopp-Duller). „Zwischen Wahrnehmen und Verstehen von Sprache besteht ein untrennbarer Zusammenhang" (Breuer/Weuffen).

Jedes Wort wird zur Neuentdeckung

Legastheniker sind nicht in der Lage, Wörter abzuspeichern, und somit können sie sie auch nicht abrufen. Während Menschen ohne Rechtschreibprobleme in der Regel sofort wissen, wie ein Wort geschrieben wird – sie sehen es vor ihrem geistigen Auge –, müssen Legastheniker die Schreibweise immer wieder neu überlegen. Kommt ein Wort in einem Text mehrmals vor, kann es passieren, dass dieses Wort immer wieder unterschiedlich falsch geschrieben wird. Der Grund dafür ist, dass das Wort nicht abgespeichert wurde. Jedes Mal, wenn es kommt, sagt das Gehirn „kenne ich nicht, schreib wie du denkst". Es kann sogar die richtige Schreibweise dabei sein, das bemerkt das Kind aber nicht. Das ist das Problem bei legasthenischen

↑ *Ob eine Störung der Lese- und Rechtschreibfähigkeit vorliegt, muss fachkundig abgeklärt werden.*

Kindern, bei Legasthenikern überhaupt. Sie können das Wort nicht „wahrnehmen", von daher können sie es auch nicht abspeichern. Es ist für sie jedes Mal bei der Schreibweise ein neues und damit unbekanntes Wort.

Auch die Gene lesen mit
Mittlerweile ist man auch in der Forschung erheblich weitergekommen.

Wissenschaftler haben herausgefunden, dass das Gen „SLC2A3" erheblichen Einfluss auf die Sprachverarbeitung hat, da es „wesentlich die Regulation eines Glukosetransportes im Gehirn steuert und die Sprachverarbeitung bei Kindern mit Legasthenie beeinflusst" (R. Dürre). Trotzdem sind die Ursachen von Legasthenie noch nicht vollständig erforscht.

Symptome von Legasthenie

Wie können Eltern erkennen, ob ihr Kind eine Legasthenie hat? Eine Möglichkeit ist ein Rechtschreibtest, der anzeigt, wo das Kind im Verhältnis zu seinen Altersgenossen steht. Als Ergebnis erhält man einen sogenannten Prozentrang (PR). Hat das Kind zum Beispiel einen PR von 15, bedeutet dies, dass 85 Prozent seiner Altersgenossen besser abgeschnitten hätten. Liegt der PR unter 25, heißt dies, dass das Kind Schwierigkeiten mit seiner Rechtschreibung hat. Liegt der PR unter 10, bedeutet dies, dass das Kind sehr große Probleme in der Rechtschreibung hat. Bekannte Rechtschreibtests sind z.B. der DRT (Diagnostischer Rechtschreibtest), den es für die Klassen 1 bis 5 gibt, die HSP (Hamburger-Schreib-Probe), Klasse 1 bis 4 getrennt, Klasse 5 bis 9 ein Test, oder der SLRT (Salzburger Lese- und Rechtschreibtest). Die Auswertung erfolgt bei allen Tests Jahrgangsweise.

Viele Lehrer und Eltern sagen, typisch für ein Legastheniker sei die Verwechselung von b und p, von g und k, und von d und t. Mittlerweile weiß man, dass diese Aussage nicht stimmt. Es gibt keine typisch legasthenen Fehler. Legastheniker machen dieselben Fehler wie Nicht-Legastheniker, nur in einer viel höheren Anzahl.

Alptraum Diktat

Hat ein nicht rechtschreibschwaches Kind in einem Diktat drei oder vier Fehler (Groß- und Kleinschreibung, Buchstabe vergessen, Verwechslung von d und t), macht ein legasthenes Kind dieselben Fehler, nur sind es nicht drei oder vier, sondern 20, 30 oder sogar 40.

Zusammenfassend kann man sagen, dass die ersten Anzeichen für eine Rechtschreibschwäche, -störung oder Legasthenie die Unlust bei den Deutschhausaufgaben und/oder die hohe Fehlerzahl bei ungeübten Diktaten oder bei frei geschriebenen Texten sind. Ein zu geringer Wortschatz kann auch auf eine solche Störung hinweisen.

← *Wenn das Lesen und Schreiben schwer fällt, wird Lernen zum Frust.*

Einfach schneller und intensiver lernen

Bei Legasthenie ist AVWF eine sehr gute Methode, um nicht nur die Lern- und Leistungsbereitschaft des Kindes, sondern auch den Low-Level-Bereich enorm zu verbessern. Nur wenn das Gehirn in diesem untersten Bereich wenig Energie verbraucht, bleibt für die weiteren Stufen, zu denen ja auch der Wahrnehmungsbereich zählt, genügend Energie übrig. Somit hat das Kind nach einer AVWF-Anwendung viel mehr Kapazitäten frei, die es für das Lesen und Schreiben verwenden kann. Außerdem wirkt sich die AVWF-Methode sehr stark auf das Selbstbewusstsein des Kindes aus. Die Persönlichkeit wird gestärkt, das Schlafverhalten ändert sich, die Kinder sind morgens ausgeruhter, sie können den Tag entspannter angehen. Damit ändern sich in der Regel auch die schulischen Leistungen, bei vielen führt das Musikhören zu einer stärkeren Beteiligung im Unterricht.

↑ *In dem Maße, in dem die eigenen Kapazitäten besser genutzt werden können, steigt auch das Selbstbewusstsein.*

Erlerntes besser umsetzen

Mit AVWF heilt man eine Legasthenie nicht, man kommt folglich auch nicht um ein gezieltes Legasthenietraining herum. Denn aus eigener Kraft ist es einem legasthenen Kind nicht möglich, seine Rechtschreibleistung so zu verbessern, dass keine Probleme mehr auftauchen. Das Kind hat aber eine andere Basis und lernt schneller und intensiver. Somit kann es das im Training Erlernte besser umsetzen.

Richtig schreiben lernen

Wenn Kinder die Buchstaben sicher beherrschen, müssen sie beim Schreiben in der Lage sein, die Laute eines Wortes herauszuhören und in der richtigen Reihenfolge aufzuschreiben. Sie brauchen also zunächst eine alphabetische Rechtschreibstrategie als Grundlage für eine gute Rechtschreibfähigkeit. Diese wird durch eine lautgetreue Rechtschreibförderung vermittelt.

Etwa ab Beginn der dritten Klasse gelangen die Kinder trotz lautgetreuer Verschriftlichung immer seltener zur richtigen Rechtschreibung. Sie brauchen von nun an verstärkt Kenntnisse über Morpheme und Rechtschreibregeln.

Da einerseits die stete Anwendung von Rechtschreibregeln letztlich zu aufwändig ist, andererseits aber die deutsche Sprache auch sehr viele reine Merkwörter enthält, zum Beispiel bei der Schreibweise zum x-Laut oder bei der Verdoppelung von Vokalen, müssen die Kinder mehr und mehr dahin kommen, möglichst viele Wörter als Wortbild abzuspeichern und automatisch abzurufen. Auf dieser Stufe im Schriftspracherwerb kann dann die Mind-Map-Methode zum Einsatz kommen.

↑ Eine beispielhafte Mind-Map zum Thema „Wörter mit doppeltem Vokal (Selbstlaut)".

→ Mehr zum Thema Mind-Map finden Sie in Kapitel 8, Seite 174.

Warum verwechselt mein Kind immer wieder d und b?

Diese Frage lässt sich leicht beantworten, wenn man Kinder die kleinen Buchstaben d und b jeweils in Druckschrift aufschreiben lässt. Ganz oft beginnen Kinder mit Unsicherheiten beim Schreiben des kleinen d mit dem „Strich" und überlegen dann, in welche Richtung der „Bauch" gezeichnet werden muss. Das Problem hierbei:

Die Unterscheidung von links/rechts erfolgt meist noch nicht zuverlässig. In der Folge kommt es vermehrt zur Verwechslung der Buchstaben d und b. Gleiches gilt für die Buchstaben p und q. Viele Kinder sind der Meinung, die Schreibung des d wie beschrieben beigebracht bekommen zu haben. Ein Blick ins Buch offenbart jedoch meist den Trugschluss.

Auf das Muster kommt es an

Um Buchstaben im Schreiblernprozess adäquat abspeichern zu können, muss unser Gehirn zunächst die verschiedenen „Strichmuster" zu unterscheiden lernen. Während die Unterscheidung der Raumlagen OBEN vs. UNTEN bereits im Vorschulalter gefestigt ist, erfolgt diese Festigung für die Raumlagen RECHTS vs. LINKS in der Regel erst nach Schuleintritt. Somit ergibt sich ein Problem mit der (fehlerhaften) Abspeicherung des Musters „Strich + Bauch links bzw. rechts". Dieses Muster lässt für betroffene Kinder keine zuverlässige Differenzierung der Kleinbuchstaben d und b zu. Zwei eindeutige Zuordnungen ergeben sich nur bei der Abspeicherung der folgenden Muster:

Strich	Linkskreis	Rechtskreis		

Strich + Linkskreis oder Rechtskreis = d oder b

Linkskreis + Strich = d

Strich + Rechtskreis = b

Erschwerend kommt hinzu, dass richtiges Schreiben umso schwieriger ist, je weniger die Schreibbewegungen automatisiert sind. Das Kind muss seine volle Aufmerksamkeit auf den motorischen Schreibprozess richten. Hat es Bewegungsmuster aus Mangel an Aufmerksamkeit beziehungsweise Unsicherheit heraus einmal falsch abgespeichert, ist es schwierig, die gebildeten Automatismen im Nachhinein zu verändern. Aus diesem Grund es ist wichtig, frühzeitig einzugreifen. Nur wenn einfache Bewegungsmuster hinreichend automatisiert wurden, können sie später leichter mit anderen Strukturelementen verbunden werden.

← *Sicheres Schreiben ist das Ergebnis automatisierter Bewegungsmuster. Eine falsche Programmierung ist schwierig zu verändern.*

In 7 Schritten zum (Schreib-) Erfolg

D ie dargestellten Übungen unterstützen in hervorragender Weise das richtige Konstruieren der Buchstaben im Schreibprozess (z.B. beim b erst den Strich und dann den Rechtskreis, beim d erst den Linkskreis und dann den Strich) sowie das visuelle Abtasten der Buchstaben im Leseprozess. Bei frühzeitiger Intervention gehören Verwechslungsfehler daher schon bald der Vergangenheit an.

1. Schritt:

Es werden zwei verschiedenfarbige große Kreise auf ein Blatt Papier (vorzugsweise im DIN-A3-Format) gemalt, sodass einer der Kreise rechts der Körpermitte ist, der andere links. Idealerweise verwenden Sie die Farben Rot und Lila, da dann die Unterscheidung von rechts und links noch leichter fällt. Rot wie rechtsherum. Lila wie linksherum.

Die rechte Hand zieht nun mit einem roten Stift zunächst einige Male im Uhrzeigersinn (d.h. rechtsherum) die Konturen des rechten Kreises nach. Achten Sie darauf, dass in der Mitte begonnen wird. Anschließend geben Sie dem Kind einen lilafarbenen Stift in die linke Hand (ganz gleich, ob Ihr Kind Rechtshänder ist!). Es

soll als nächstes mit dem lila Stift einige Male die Konturen des linken Kreises im Gegenuhrzeigersinn nachmalen. Zu Beginn der Übung können Sie Ihr Kind unterstützen, indem Sie die Drehrichtungen durch Pfeile über den Kreisen (wie abgebildet) andeuten.

1. Schritt zur Drehrichtungsautomatisierung

Variationsmöglichkeiten:

- Malen Sie mit Ihrem Kind Luftballons. Alle roten Luftballons werden mit der rechten Hand rechtsherum gemalt, alle lilafarbenen mit der linken Hand linksherum.
- Lassen Sie Ihr Kind mit den Armen große Kreise vor sich in die Luft malen. Rechte Kreise mit dem rechten Arm rechtsherum, linke mit links linksherum.

■ Basteln Sie aus Zahnstocher und Papp-scheibe zwei Kreisel, einen roten und einen lilafarbenen. Diese versetzen Sie dann gemeinsam mit der richtigen Hand in die richtige Drehrichtung.

Erst wenn Ihr Kind (keine Hilfe mehr benötigt bzw.) nicht mehr überlegen muss, in welche Richtung es jeweils mit welcher Hand drehen muss, kann zum nächsten Schritt übergegangen werden.

2. Schritt:
Jetzt geben Sie Ihrem Kind den lila Stift in die rechte Hand. Richtigerwei-se wird Ihr Kind vermutlich kurz sto-cken. Die Aufgabe besteht nun darin, mit der rechten Hand den lila Kreis auf der handfernen Seite linksherum (also entgegen der bisherigen Drehrichtung der rechten Hand) nachzuzeichnen. Ver-fahren Sie genauso mit der linken Hand, indem Sie Ihrem Kind in diese einen roten Stift geben. Wiederholen Sie auch diesen Schritt solange bis Ihr Kind sicher in der Ausführung ist.

3. Schritt:
Im nächsten Schritt können beide Hände gleichzeitig den jeweils auf ihrer Seite befindlichen Kreis in Pfeilrichtung malen.

4. Schritt:
Wenn die Schritte 1 bis 3 sicher be-herrscht werden, gibt man den Kindern wahllos den roten oder den lila Stift nach dem Zufallsprinzip in die rechte oder die linke Hand. Die Kinder zeichnen dann mit dem Stift die Konturen desjeni-gen Kreises in Pfeilrichtung nach, dessen Farbe sie in der Hand halten. Achten Sie immer auf die korrekte Ausführung der Drehrichtung.

5. Schritt:
In einem weiteren Übungsschritt kön-nen die beiden Kreise zu einer großen liegenden Acht (neue Farbe) verbunden

werden. Durch die Mitte der liegenden Acht wird senkrecht ein Strich gezogen. Lassen Sie das Kind die Konturen der Acht mehrmals nachfahren. Achten Sie darauf, dass das Kind in der Mitte und mit der Rechtsdrehung beginnt. Der senkrechte Strich dient zunächst nur der Visualisierung und findet erst im nächsten Schritt Beachtung.

6. Schritt:

Der wichtigste Schritt zum Begreifen der Buchstaben folgt nun. Die Kinder ziehen bei dieser Übung zunächst die Konturen des senkrechten Striches von oben nach unten nach, kommen zum Mittelpunkt der liegenden Acht zurück, malen von hier aus den rechten Kreis im Uhrzeigersinn und den linken im Gegenuhrzeigersinn bis zum Mittelpunkt der liegenden Acht und kehren von hier in die Ausgangsposition am oberen Ende der senkrechten Linie zurück. Hier beginnt die Bewegung von vorne. Verwenden Sie für diesen Übungsschritt eine vierte Farbe. Spielerisch erlernen die Kinder so die Aneinanderreihung der verschiedenen Schreibmuster.

5. Schritt

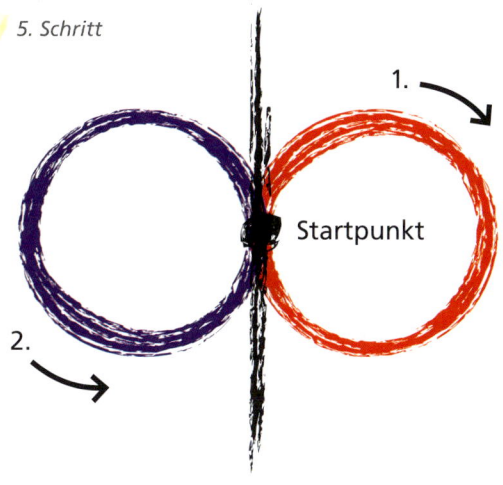

6. Schritt

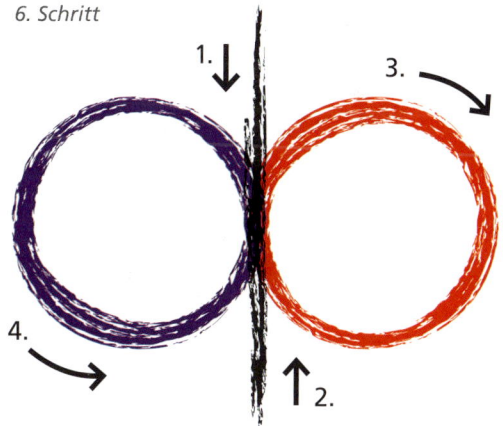

Variationsmöglichkeiten:

- Stoppen Sie, wie lange Ihr Kind für drei komplette richtige Durchgänge benötigt.
- Malen Sie ein Bild mit Schmetterlingen. Es müssen lediglich noch Fühler ergänzt werden.
- Kehren Sie vereinzelt auch einmal zu den Schritten 1 bis 5 zurück, indem Sie Ihrem Kind einen beliebigen Farbstift in die Hand geben und es die zugehörige Bewegung vollziehen soll.

Nach ein paar Übungsdurchgängen können Sie Ihr Kind fragen, welche Buchstaben es in der neuen Figur entdeckt.

↑ *Gemeinsames Üben: In der Ruhe liegt die Kraft.*

Spontan wird oft auf das i oder o hingewiesen. Lassen Sie sich die Buchstaben zeigen und ermutigen Sie Ihr Kind weiterzusuchen. Schon bald wird es das b (oder einen der anderen drei Buchstaben) ausfindig gemacht haben. Lassen Sie sich zeigen, wo das b beginnt und wo es endet. Verfahren Sie mit den anderen Buchstaben (d, p und q) analog. Ggf. möchte Ihr Kind auch noch das a oder g ergänzen. Achten Sie darauf, dass Ihr Kind die Buchstaben mit den Fingern nachfährt und jeweils schreibtechnisch an der richtigen Stelle beginnt. Beim d folgt zuerst der Linkskreis, dann der Strich. Manche Kinder wollen beim Zeigen des d immer wieder mit dem Strich beginnen und dann den Linkskreis anschließen. Wiederholen Sie in diesem Fall nochmals die komplette Figur (von oben nach unten, zur Mitte zurück, Rechtskreis, Linkskreis) und fragen beim Abfahren nach, wo das d beginnt. Beherrscht Ihr Kind das Zeigen der vier Buchstaben (b/d, p/q) an der Übungsfigur sicher, können manchmal die Anfertigung eines speziellen Merkblattes oder einige zusätzliche Schreibübungen zu den einzelnen Buchstaben hilfreich sein. So kann Ihr Kind das Gelernte übertragen und festigen.

7. Schritt (für Fortgeschrittene):

Zuletzt kann die liegende Acht zu einem Kleeblatt erweitert werden. Jeweils in Pfeilrichtung wird von der Mitte beginnend erst die rechte, dann die linke, schließlich die obere und zuletzt die untere Schlaufe gemalt, bevor die ganze Übung wieder von vorne beginnt.

Diese letzte Übung stellt die Aufmerksamkeit Ihres Sprösslings auf eine besondere Probe. Beherrscht das Kind diesen Schritt sicher, dann sind alle Drehrichtungen automatisiert!

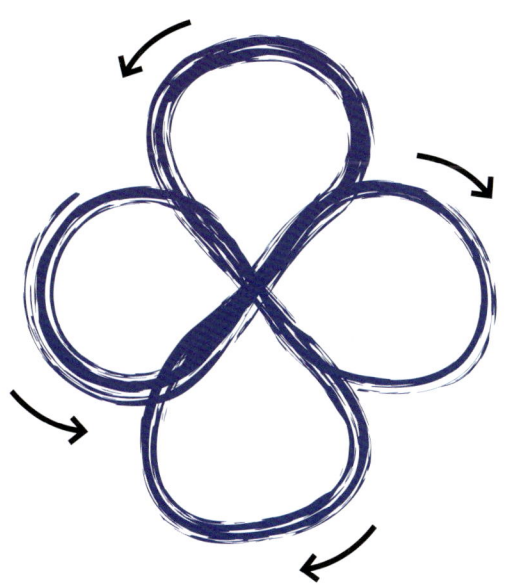

Linkshänder – was tun?!

Sommer-Stumpenhorst (2010) weist darauf hin, dass beim Schreiben mit links nicht einfach nur die Hand getauscht wird, sondern völlig andere Bewegungsmuster ausgeführt werden müssen, was ein einfacher Selbstversuch beweist. Schreiben Sie unter Beobachtung Ihrer Finger- und Handbewegungen den Großbuchstaben A einmal mit der rechten und das andere Mal mit der linken Hand und vergleichen Sie! Die Bewegung beim linkshändigen Schreiben ist stoßend, rechtshändiges Schreiben dagegen ziehend. Ein weiteres Problem stellt die natürliche Blick- und Schreibrichtung dar. Diese verläuft bei vielen Linkshändern von rechts nach links (vgl. Meyer, 2001). Daraus resultiert bei linkshändigen Schreibanfängern oft eine Spiegelschrift, da sie natürlicherweise rechts mit dem Schreiben beginnen. Unsere Kultur gibt jedoch eine Schreibrichtung von links nach rechts vor, da sie von einem Rechtshänder entwickelt wurde.

Konzepte zur Vermittlung einer alphabetischen Rechtschreibstrategie

Zuallererst müssen die Kinder in der Lage sein, Lauten ihre jeweiligen Grapheme zuzuordnen. Dies kann man leicht mit dem CelecoProgramm „Richtig schreiben lernen" einüben. Im Übungsformat „Laute heraushören" werden per Computerstimme bestimmte Wörter gesagt. Die Kinder entscheiden anhand von Ja/Nein-Antwortvorgaben, ob in dem Wort je nach gewählter Aufgabenstellung der Selbstlaut a/e/i/o/u, ein Umlaut oder ein Doppellaut enthalten ist. Analog dazu werden im nächsten Schritt Selbstlaute trainiert. Danach sollten die Kinder begreifen, dass die deutsche Rechtschreibung auf einer Silbenstruktur der Wörter fußt und Sprechsilben in eine Buchstabenfolge umgesetzt werden können. Sobald die ersten Buchstaben bekannt sind, werden einfache Silben nach dem Modell „Konsonant-Vokal", später auch nach den Modellen „Konsonant-Vokal-Konsonant" und „Vokal-Konsonant" geschrieben.

Silbenschreiben

Die Arbeit mit den beiden elementaren Silbenmustern KV und KVK ist eine wichtige Vorübung sowohl für lautgetreues Schreiben als auch für die erst später zu erarbeitenden Regeln der Orthographie in Bezug auf das ie, das stumme h, Doppelkonsonanten, tz (alias zz) und ck (alias kk).

Von Einzelsilben zu einfachen lautgetreuen Wörtern

Sobald Silben nach dem KV-Muster automatisiert sind, werden sie sofort auch zu Wörtern mit zwei, später mit mehr Silben zusammengefügt und zweifarbig aufgeschrieben, z.B. Hase, Lama, Name.

Sobald das KVK-Silbenmuster automatisiert ist, werden auch Wörter nach dem KV-KVK-Muster geschrieben, z.B. Nudel, Nagel, Pudel und schließlich Wörter mit zwei Konsonanten in der Wortmitte (noch keine Konsonantenverdoppelung!) nach dem KVK-KV(K) Muster, also z.B. Wolke, Balken, Harfe. In einem nächsten Schritt werden Wörter mit Konsonantenverbindungen am Wortanfang verschriftlicht, z.B. Bruder, Blase, Glaube.

Name	Hase
Nagel	Nudel
Harfe	Balken
Bruder	Blase

↑ Silbenmuster sind der Schlüssel zur sicheren Rechtschreibung.

Übermäßige „Naharbeit" an Smartphones schadet den Augen. Besonders bei Kindern werden schnell die Akkomodation der Augen und die Krümmungseigenschaft der Linse überbeansprucht. Die Folge: Kurzsichtigkeit und Stress. Untersuchungen in China zeigen: Draußen spielen in natürlichem Licht ist auch für die Augen die beste Alternative.

AHA!

Mit der Schriftsprache per Du

In dieser Phase des Schriftspracherwerbs ist es wichtig, dass die Kinder deutlich mitsprechen. Dies bezieht sich zum einen auf die Wortendung -er, die bei undeutlicher Artikulation leicht als a verschriftlicht werden würde. Unterstützend kann hier aber auch die folgende Regel gelernt werden: Hörst du am Wortende ein a, schreibe ein er (z. B. „Ei-mer").

Die wenigen Ausnahmen, die es gibt, können nach dem Mind-Map-Verfahren (siehe Kapitel Lernen lernen) verinnerlicht werden: Oma, Opa, lila, rosa.

Zum anderen sollte aber auch die Einteilung des Wortes in Silben von den Kindern sprachlich deutlich hervorgehoben werden.

- lautgetreue kurze/lange Wörter
- kurze/lange Wörter mit zwei Konsonanten in der Wortmitte
- kurze/lange Wörter mit zwei Konsonanten am Wortanfang

Die Kinder üben Wörter in Silben zerlegt zu schreiben. Beim Übungsformat Silbenboote merken sich die Kinder ein vorgegebenes Wort, malen die Anzahl seiner Silbenbögen auf den Bildschirm und schreiben das Wort dann in die Silbenboote. Beim Übungsformat Silbenschnellboote merken sich die Kinder ein vorgegebenes Wort und klicken die Anzahl seiner Silbenbögen aus einer Zahlenreihe an. In die nun entstandenen Silbenboote schreiben die Kinder das Wort.

Von Einzelsilben zu schwierigeren lautgetreuen Wörtern

Auf dieser Stufe des Schriftspracherwerbs geht es um die Wörter mit Konsonantenverdoppelung sowie um Wörter mit Besonderheiten in der Buchstabe-Laut-Zuordnung. Analog dazu werden in den folgenden Sitzungen die Rechtschreibregeln Schritt für Schritt erarbeitet. Dabei spielt der Rhythmus der Sprache eine große Rolle.

← *Lesen und Schreiben gehören zu den elementaren Kulturtechniken. Wenn Kinder sich damit schwer tun, ist frühe Förderung angesagt.*

Herstellen visueller Speicherfähigkeit

Das korrekte Buchstabieren ist eine grundlegende Fähigkeit, die nicht alle Menschen von Natur aus beherrschen, nicht weil sie faul oder dumm sind, sondern weil sie ein ineffektives Mentalprogramm benutzen. Gute Rechtschreiber verfügen über eine stringente Strategie. Befragte man die Probanden, wieso sie wussten, dass die Schreibweise eines Wortes korrekt war, waren sich viele nicht darüber im Klaren, woher sie dies wussten. Sie sagten: „Es sieht richtig aus." Daraus konnte man eine richtige Speicherung des Wortbildes und das Nutzen des visuellen Speichers ableiten. Die schwachen Rechtschreiber verwendeten hingegen Strategien, die keinerlei Ähnlichkeiten mit Strategien von guten Rechtschreibern aufwiesen.

Die „innere Tafel" vor Augen

Ob vor der Mind-Map-Arbeit Training im Visuellen angewandt werden muss, kann leicht überprüft werden, indem man die zu fördernden Kinder ein lautgetreues Wort rückwärts buchstabieren lässt. Antworten sie zügig, ist eine visuelle Rechtschreibstrategie vorhanden. Kann man hingegen beobachten, wie die Betrof-fenen sich das Wort nach jedem einzelnen Buchstaben innerlich vorsagen, fehlt eine solche, und ein visuelles Training ist angesagt. Denn um sich die Wortbilder aus den Mind-Maps leicht und korrekt zu merken, bedarf es natürlich einer visuellen Speicherfähigkeit, d. h. es muss innerlich klar gesehen werden, aus wie vielen und vor allem aus welchen Ele-

menten ein Wort zusammengesetzt ist. Einer Person, die eine Wortbild visuell abgespeichert hat, fällt es leicht, den Buchstabenkode beim Lesen- und Schreibenlernen zu behalten. Sie hat, bildlich gesprochen, die „innere Tafel" als mentale Haftfläche für die einzelnen Wörter und sie kann Schreibweisen, die einmal gespeichert wurden, nun wieder ge-

zielt in Erinnerung rufen – zum Ablesen und Abschreiben. Menschen, die in der Rechtschreibung weniger sicher sind, verfügen über diese Strategie häufig nicht.

↑ *Der visuelle Speicher ist die Voraussetzung für das Entstehen von Wortbildern.*

Jochen W., 6. Klasse Realschule

Jochen hat große Probleme in der Rechtschreibung. Sowohl in den geübten als auch in den ungeübten Diktaten hat er schlechte Noten. Sein Vater ist am Anfang der Meinung gewesen, Jochen sei nur faul. Er stecke mehr Energie in das Nichtstun als in das Lernen. Er brauche sehr viel Zeit, um etwas zu erledigen. Man müsse immer hinter ihm her sein, damit er etwas tut. Wenn es ihn aber interessiere, könne er gut lernen. Für ihn sei aber Spielen und Freizeit viel wichtiger als das Lernen. Seine Noten im Diktat sind in der Regel 6, in Aufsätzen 4,5. In Aufsätzen hat er Probleme mit der Reihenfolge (Einleitung – Hauptteil – Schluss). In der Grundschule hatte er eine Leseschwäche, mittlerweile holt er sich aber selber Bücher und liest darin. Es macht Jochen traurig, dass es mit der Rechtschreibung nicht klappt. Hinzu kommt noch, dass bei seinem großen Bruder alles klappt, ohne groß lernen zu müssen. Wenn seine Eltern ihn auf Rechtschreibfehler hinweisen, braust er auf und will Recht haben.

Jochen kann sich nach Aussage seiner Eltern nur eine kurze Zeit konzentrieren.

↖ *Schluss mit dem sich Verbiegen: AVWF verbessert deutlich die Grundlagen fürs Lesen und Schreiben.*

Lukas K., 4. Klasse

Lukas hat schon seit der 1. Klasse Probleme in Deutsch. Seine letzten drei Diktate in Klasse 4 hatten alle mehr als 20 Fehler, Note 6. Seine schlechte Rechtschreibung stört ihn sehr, macht ihn auch etwas traurig. Sobald er in der Schule gesagt bekommt, dass demnächst ein Diktat geschrieben wird, bekommt er schon ein mulmiges Gefühl. Er denkt dann auch, er könne an diesem Tag einfach die Schule schwänzen. Dieser Gedanke bleibt dann die ganze Zeit über, bis das Diktat geschrieben wurde. Während des Diktates bekommt er Schweißausbrüche und Herzklopfen. Bei Klassenarbeiten in den anderen Fächern ist dies nicht der Fall, da ist er nur etwas nervös. Er denkt auch, dass das Üben zu Hause nichts bringt. Sein Lesen ist einigermaßen flüssig, versteht aber nicht alles, was er liest. Lukas geht nicht gerne in die Schule, was hauptsächlich an seinen Deutschproblemen liegt. Er mag Sport, MNK. Er mag nicht Deutsch, Englisch, Mathe (wegen den Textaufgaben). Lukas hat zurzeit keine Freunde, legt auch keinen allzu großen Wert darauf, spielt lieber mit seinen beiden jüngeren Brüdern. Bei Lukas besteht der Verdacht auf ADHS. Seine Mutter kommt zu Hause mit ihm überhaupt nicht klar, sein Vater hat keine Probleme mit ihm. In der Schule klappt es vom Verhalten. Seine Mitarbeit ist schlecht, er meldet sich nicht und wenn er einfach aufgerufen wird, gibt er keine Antwort. Nach Aussage der Lehrerin taucht er total unter.

Wieder das Kribbeln im Kopf

Im AVWF-Zentrum Hohenlohe-Heilbronn wurde bei solchen Befunden erfolgreich die AVWF-Methode durchgeführt. Eltern berichten:

Frau M., Mutter von Sebastian (5. Klasse Hauptschule, Rechtschreibprobleme):
Sebastian hatte vor dem zehnmaligen Hören nach einer gewissen Zeit beim Schreiben immer einen heißen Kopf und ein Kribbeln im Kopf bekommen. Dies ist durch das Hören nach der AVWF-Methode komplett weggefallen. Das Vokabellernen fällt ihm jetzt leichter. Auch kann er sich besser konzentrieren, sodass er die gelernten Sachen besser behält. Hatte er sich vorher sehr stark von seinen Mitschülern ablenken lassen, schafft er es jetzt, sehr konzentriert an seinen Aufgaben zu bleiben. Auch das „Quatschmachen" ist ganz weggefallen. Vorher hat er sich kaum in Englisch gemeldet, mittlerweile ist er auch in diesem Fach mündlich sehr aktiv. Seine Lehrerin ist von seiner jetzigen Leistung sehr begeistert und wundert sich, wie er das so schnell hinbekommen hat. Sebastian ist zwar auch früher schnell eingeschlafen, aber seit dem Hören schläft er viel intensiver und ist ausgeglichener.

Frau G., Mutter von Timo, 11 Jahre
Bevor Timo mit AVWF angefangen hat, hatte er kaum Selbstbewusstsein. Er blieb nicht alleine zu Hause und seine Ausdauer beim Arbeiten und Lernen war sehr gering. Nach dem Hören hat sich das alles total verändert. Timo ist sehr selbstbewusst geworden, geht jetzt auf andere Leute zu und bleibt mittlerweile auch alleine zu Hause. Türen, die vorher offen bleiben mussten, können nun geschlossen werden. Timo braucht seit dem Hören keine Verhaltensregeln mehr, die Verhaltenstherapie, die im Gespräch war, wurde abgesagt. Seine Lehrerin war sehr erstaunt über die positiven Veränderungen bei Timo in der letzten Zeit und hat ihn sehr gelobt. Timo liest seitdem viel besser, seine Schrift ist sauberer und dadurch auch besser lesbar geworden. Ebenso hat seine Ausdauer zugenommen. Alles in allem ist er danach viel reifer geworden.

→ *Wenn das Lesen und Schreiben schwer fällt, sind Kopfschmerzen und innere Unruhe oft die Folge.*

6

Das Kreuz mit den Zahlen

Keine Angst vorm Rechnen

3 plus 4 macht 9? Wenn die täglichen Hausaufgaben zum Kampf mit den Zahlen werden, baut sich schnell Frust auf. Die Großen verstehen es nicht, wieso die Rechenergebnisse immer wieder falsch sind, die Kleinen können einfach nicht richtig addieren oder subtrahieren. Dabei ist es gar nicht so schwer, einen richtigen Zugang zur Welt der Zahlen zu finden.

↑ Wenn aus Zahlen nicht mehr als „Kopf-Salat" wird, ist der Frust groß. Defizite in den Grundlagen machen je

Ein Teufelskreis aus Zahlen

D ie Mathematikhausaufgaben stehen an, und das Kind trödelt, zählt in der 3. oder 4. Klasse noch mit den Fingern ab oder braucht lange, um drei Zahlen zu addieren. Hat es die Aufgabe endlich gerechnet, ist die Lösung falsch. Für die Eltern ist es absolut unverständlich, wie dieses Ergebnis zustande kommen konnte. Der Mathematiklehrer in der Schule sagt, das Kind passe nicht auf und sei unkonzentriert. Es müsse unbedingt zu Hause mehr geübt werden, damit es den Anschluss nicht verpasst. Aber dieses Üben daheim wird immer mehr zur Qual. Sobald die Mathematikhausaufgaben anstehen oder geübt werden soll, wehrt sich der Sprössling und wird bockig. Die Eltern haben sich selbst mittlerweile einen so starken Druck aufgebaut, dass sie mit „allen Mitteln" versuchen wollen, ihrem Kind das Rechnen beizubringen. Sie erklären, wie gerechnet werden soll, merken aber gleichzeitig, dass das Kind überhaupt nicht zuhört. Sie werden ungeduldig, weil sie nicht verstehen können, warum ihr Kind den Rechenweg nicht annimmt, obwohl er doch so einleuchtend ist.

Der Druck steigt, die Lust sinkt

Das Kind spürt unbewusst den immer stärker werdenden Druck durch Eltern und Schule. Die Angst vor Mathematik nimmt zu und überträgt sich auf die Klassenarbeiten. Bei einigen Kindern wird sich diese Angst auch auf andere Fächer auswirken und die Lust zur Schule zu gehen, nimmt ab. Aber auch die Persönlichkeit der Kinder kann darunter leiden. Einige werden verhaltensauffälliger, andere ziehen sich zurück, denn die Angst, etwas Falsches zu sagen, erhöht sich. Diese Kinder befinden sich in einem Teufelskreis, aus dem sie alleine kaum noch herauskommen können.

kommen unmöglich.

Schachmatt in Mathe

Schon wieder verrechnet: Mit den Zahlen auf Kriegsfuß zu stehen, ist nicht immer eine Frage der Intelligenz oder des fehlenden Fleißes. Oftmals steckt ein handfestes Problem der kognitiven Entwicklung dahinter. Die Weltgesundheitsorganisation (WHO) hat vor diesem Hintergrund Dyskalkulie begrifflich eingegrenzt: „Rechenstörung: Beeinträchtigung von grundlegenden Rechenfertigkeiten. Diese Störung beinhaltet eine umschriebene Beeinträchtigung von Rechenfertigkeiten, die nicht allein durch eine allgemeine Intelligenzminderung oder eine eindeutig unangemessene Beschulung erklärbar ist. Das Defizit betrifft die Beherrschung grundlegender Rechenfertigkeiten wie Addition, Subtraktion, Multiplikation und Division, weniger die höheren mathematischen Fähigkeiten, die für Algebra, Trigonometrie, Geometrie und Differenzial- und Integralrechnung benötigt werden."

Chr. Wolfensberger hat in seinem Referat „Konstitutionelle und psychologische Faktoren bei der Entstehung von Rechenstörungen" Dyskalkulie folgendermaßen erklärt: „Wenn ein Kind von normalem Intelligenzniveau im Rechnen durchgehend schwach ist oder darin völlig versagt, so kann es berechtigt sein, eine Rechenschwäche zu vermuten. Nicht jedes Kind, das schlecht rechnet, hat eine Rechenschwäche. (...)

Es gibt auch nicht die Rechenschwäche, sondern so viele verschiedene Rechenschwächen, als es rechenschwache Kinder gibt. Keine gleicht exakt der anderen. Die Rechenschwäche ist ein abstrakter Sammelbegriff. Im konkreten Falle haben wir es mit der individuellen Rechenschwäche eines bestimmten Schülers zu tun."

Wie steht's um die Grundlagen?

Beide Definitionen gehen von normal bis überdurchschnittlich intelligenten Kindern aus. So liegt eine Dyskalkulie nur dann vor, wenn alle anderen schulischen Leistungen normal bis überdurchschnittlich sind. Bei den beiden Definitionen von Dyskalkulie wird nicht berücksichtigt, ob sich das jeweilige Problem schon auf die gesamte schulische Leistung ausgewirkt hat. Ist in einem solchen Fall die Intelligenz überhaupt noch „richtig" messbar?

Der AVWF-Trainer und Dyskalulieexperte Rainer Dürre definiert Dyskalkulie daher folgendermaßen: „Eine Dyskalkulie liegt vor, wenn die Grundlage für ein mathematisches Verständnis nicht oder nur unzureichend vorhanden ist."

→ *Die Grundlagen müssen stimmen, damit überhaupt ein mathematisches Verständnis möglich wird.*

Was kann auf eine Dyskalkulie hinweisen?

Die Verbindung zwischen Zahlbegriff und Menge fehlt

Dies bedeutet, dass auch bekannte Mengen immer wieder nachgezählt werden. So wird z. B. beim Würfeln die Augenzahl 3 nicht als 3 erkannt, sondern die einzelnen Augen müssen immer wieder nachgezählt werden oder die fünf Mitglieder einer Familie werden erst dann als eine Menge von 5 erkannt, wenn die einzelnen Personen abgezählt werden.

Es wird ungewöhnlich viel Zeit für das Rechnen gebraucht, das Kind ist schnell erschöpft

Dies zeigt sich vor allem bei den Hausaufgaben. Das Kind hat keine Lust, mit den Rechenaufgaben anzufangen, rechnet sehr lang, um eine Aufgabe zu lösen und ermüdet sehr rasch.

Es wird nicht gerechnet, sondern einzeln dazu gezählt

Die Aufgabe 3 + 4 wird gelöst, indem zu der 3 die 4 in einzelnen Schritten dazu gezählt wird, meistens unter Zuhilfenahme der Finger.

Das Zählen beginnt immer bei der 1

Eine Menge soll abgezählt werden. Das Kind wird unsicher, kommt nicht weiter. Anstatt auf eine schon gezählte Zahl zurück zu greifen, fängt es wieder bei 1 an zu zählen.

Rechensymbole werden nicht erkannt oder verwechselt

Statt bei der Aufgabe 5 + 3 die beiden Zahlen zu addieren, werden sie multipliziert. Die Aufgabe 5 = 3 + 2 wird nicht verstanden, sie wird als 5 + 3 = 2 geschrieben.

↓ *Die Finger sind bei Kindern oft die bevorzugte „Rechenmaschine".*

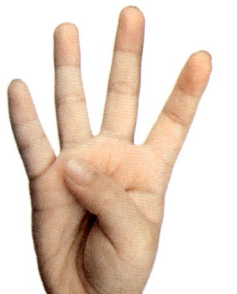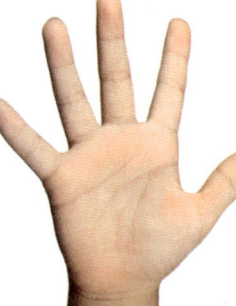

↑ *Zahlenblöcke und Farben helfen beim Erschließen von komplexen Zahlen und Rechenaufgaben.*

Trotz intensiven Übens werden keine nennenswerten Fortschritte erzielt, Geübtes wird schnell vergessen

Unzureichendes räumliches und/oder zeitliches Vorstellungsvermögen
Das Kind hat Probleme, mit Begriffen wie oben, unten, rechts, links, zwischen zu arbeiten. Die Bedeutung ist nicht verinnerlicht. Das zeitliche Vorstellungsvermögen ist nicht altersgemäß.

Schwierigkeiten beim Überschreiten des Zehners und/oder Hunderters
Die Aufgabe 5 + 8 kann nur bewältigt werden, indem von der 5 mit Hilfe z. B. der Finger die 8 in einzelnen Schritten dazugezählt wird. Die Ergänzung bis 10 und die anschließende Addition des Rests sind nicht verinnerlicht (5 + 3 + 3).

Der Umgang mit Geld wird vermieden

Beim Kopfrechnen können Zwischenergebnisse nicht gespeichert werden
Die Aufgabe 7 x 23 kann nicht gelöst werden, da das Zwischenergebnis 7 x 20 = 140 nicht im Gedächtnis bleibt.

Große Schwierigkeiten beim Erlernen des Einmaleins
Trotz intensiven Übens besteht die Lösung der Aufgabe 5 x 7 darin, dass die 7er-Reihe in Gedanken, häufig auch unter Zuhilfenahme der Finger, aufgezählt wird. Dies bedeutet, das Einmaleins ist nicht verstanden, sondern mechanisch der Reihe nach auswendig gelernt worden.

Das Übertragen von Gelerntem auf analoge Aufgaben gelingt nicht
Die Aufgabe 12 + 6 wird problemlos gerechnet, aber dieses System auf die Aufgabe 32 + 6 zu übertragen, klappt nicht.

← *Rechenschwäche ist nicht schicksalhaft. AVWF hilft Kindern auf dem Weg zu einem besseren Grundverständnis. Von dort ist es nicht mehr weit zu anspruchsvollen Rechenoperationen.*

Ziffern werden vertauscht
Die Zahl „zweiundsechzig" (62) wird
zwar richtig gesprochen, aber als 26
aufgeschrieben.

**Sinnlose Ergebnisse werden nicht er-
kannt**
$36 + 18 = 24$ ist ein Beispiel für ein sinn-
loses Ergebnis.

**Das Zählen oder Rückwärtszählen ge-
lingt nicht oder nur unter Zuhilfenahme
der Finger**

**Das Erlernen der Uhrzeit
gelingt nicht oder nur
unter großen
Schwierigkeiten**

Um herauszufinden, wo genau die Probleme eines
Kindes liegen, bedarf es einer genauen Fehleranalyse.
Das heißt, dass die falschen Ergebnisse nicht einfach
als falsch bezeichnet werden, sondern herausgefunden
wird, wie das Kind zu diesem Ergebnis gekommen ist.
Dieses Analysieren kann nur in einem spannungsfreien
Gespräch zwischen Eltern und Kind stattfinden.

Lernen mit Sinn, Struktur und Sicherheit

Die Methodenvielfalt an unseren Schulen ist groß. Lehrerinnen und Lehrer sind sehr bemüht, das Üben und Lernen abwechslungsreich und bunt zu gestalten. Trotzdem gelingt es ihnen nicht, alle Kinder „mitzunehmen". Es wird vergessen, dass Wissen nicht einfach übertragen werden kann. Vielmehr müssen Informationen im Gehirn jedes Lernenden zuerst strukturiert und danach mit Bedeutung versehen werden, Wissen muss neu geschaffen werden (vgl. Roth 2009, S. 58 ff).

Während dies für sehr begabte Schüler kein Problem darstellt, können andere mit den gängigen Lehrmethoden kein tragfähiges Fundament für effektive Lernstrategien legen. Die Kinder begreifen oft nicht, was sie lernen sollen. Das AVWF-Konzept konzentriert sich daher auf Basiskompetenzen, sichert Grundkenntnisse „gehirngerecht", gibt Kindern und Eltern beim Lernen Sinn, Struktur und damit Sicherheit. Best-Practice-Modelle sind dabei die Erarbeitung des Zahlenraums bis Zehn mit Hilfe der mathematischen Holzwürfel nach Maria Montessori sowie eine spezielle Form des Mind-Mappings als Rechtschreibstrategie.

Mit Symbolen Mengen begreifen

Wirft man im Herbst einen Blick in eine erste Grundschulklasse, sind die Lehrkräfte meist sehr kreativ zu Gange. Buchstaben und Zahlen werden gemalt, geformt, geknetet, geklebt – also mit allen Sinnen erfahren. Buchstaben werden mit bestimmten Lauten verknüpft, Zahlen mit Mengen. Dabei geht es nicht nur um die Einführung in die Kulturtechniken, sondern auch darum, dass Laute und Mengen von bestimmten Symbolen repräsentiert werden. Der Umgang mit Symbolen ist für Grundschul-

↑ *Eigentlich ganz einfach: Mit Holzwürfeln lassen sich in spielerischer Weise Zahlenräume erschließen.*

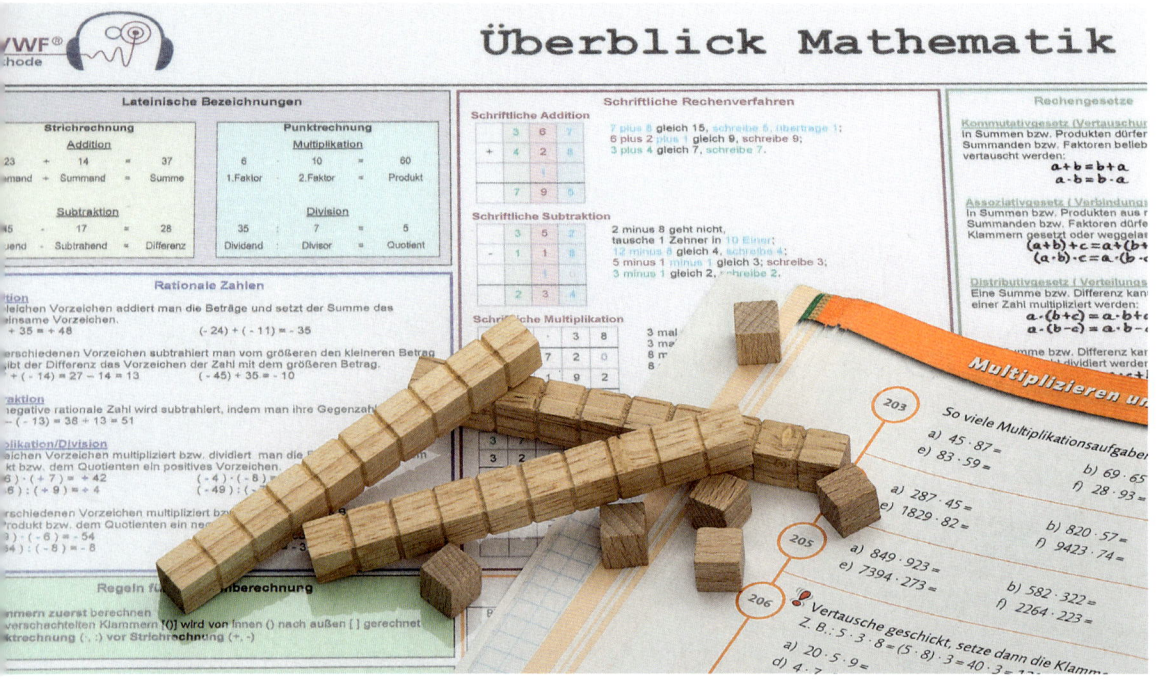

↑ *Mathematische Holzwürfel nach Maria Montessori sind wertvolle Werkzeuge für Kinder, um aus abstrakten Zahlen leicht verständliche Bilder im Kopf zu machen.*

kinder nicht unbedingt Neuland, auch im normalen Alltag begegnen wir ihnen ständig. Doch Symbole in dem Ausmaß, wie es im ersten Schuljahr verlangt wird, zu erkennen, zuzuordnen und verbinden zu können, bedarf einer außerordentlichen Leistung des kindlichen Gehirns.

Die meisten Kinder können zu Beginn der Grundschule schon zählen, meist bis zehn, oft noch viel weiter. Für viele bleibt das Zählen auch in der nächsten Zeit die bevorzugte Strategie, dabei wären für gute Rechenleistungen über alle Grundschuljahre hinweg ganz andere Basisvoraussetzungen wichtig. Ein gutes räum-

liches Vorstellungsvermögen und die Fähigkeit, Mengen zu visualisieren sind die Grundlage, um weiter reichendes mathematisches Verständnis aufzubauen. Beim Aufbau der Mengenvorstellung, also dass eine bestimmte Zahl nur für eine bestimmte Menge steht, sind Lehrer äußerst kreativ. Jede Menge, jede Zahl im Zahlenraum bis Zehn wird mit den verschiedensten Materialien anschaulich dargestellt. Im optimalen Fall können die Kinder die Mengen immer wieder selbst legen. Und dennoch kommt der erste Abstraktionsschritt, nämlich das reine Zeichnen von Mengen und Zahlen auf Papier, für manche Kinder viel zu früh. Die Ver-ankerung an realen Gegenständen ist zu wenig verfestigt, die Kinder sind unsicher, müssen immer wieder nachzählen. Dies wird besonders schwierig, wenn es um Mengen geht, die nicht unmittelbar erfasst werden können. Kinder erfassen nur vier bis fünf Gegenstände auf einen Blick, wenn diese in einer losen Anordnung vorgelegt werden. Bei größeren Mengen muss nachgezählt werden.

Um dieses Abzählen nicht zu unterstützen, sondern ein räumliches Visualisieren der Mengen voranzubringen, baut die AVWF-Methode auf die Einführung bestimmter Würfelbilder für alle Mengen von eins bis zehn. Als optimales Arbeitsmaterial haben sich dabei die „Mathematischen Holzwürfel" von Maria Montessori erwiesen: kleine Würfel, Stangen

↑ *Die Montessori-Würfel bringen die räumliche Visualisierung von Mengen voran.*

und Platten, mit deren Hilfe während der gesamten Grundschulzeit sinnlich erfahrbar gemacht werden kann, was am Ende abstrakt vollzogen werden soll.

Konzentrieren Sie sich auf die Basiskompetenzen Ihres Kindes. Mit der AVWF-Methode sichern wir Grundkenntnisse „gehirngerecht", gibt Kindern (und ihren Eltern) beim Lernen Sinn, Struktur und damit Sicherheit.

AHA!

Verliebte Zahlen – Paarbildung bis zehn

A uch das Zehnerüberschreiten ist so spielend zu erlernen. Beispiel: 8 + 4: Es fehlen bei acht zwei zur zehn, zählen wir diese dazu, bleiben noch zwei übrig. Das Ergebnis lautet dann 10 + 2 = 12. Diese Paarungen werden auswendig gelernt.

↑ Hand in Hand zu einem guten Ergebnis: „Verliebte" Zahlen helfen auf dem Weg zum Zehnerüberschreiten.

Mit Phantasie und Würfel

I n unserem Alltag wimmelt es nur so vor Zahlen. Sie zu verstehen, einzuordnen und wiederum anderen mitzuteilen, ist eine wesentliche kulturelle Anforderung. Für Kinder ist die dahinter stehende Abstraktion oft eine große – mitunter übergroße – Herausforderung. Was ist ein Pfund Mehl und was unterscheidet es von einem Kilo oder gar einem Zentner? Oder: Mehr als 50 Kühe, Schafe, Hasen, Enten und Hühner tummeln sich auf dem Bauernhof herum – wie viele müssen auf die Weide, in den Stall oder zum Teich? Hier sind schon bei den Grundschülern abstrakte Denkleistungen gefordert. Die Einführung der Mengen und der dazu passenden, teilweise schon bekannten Würfelbilder geschieht spielerisch und bezieht das Vorwissen und die Interessen der Kinder mit ein. So sind auch aus neurodidaktischer Sicht optimale Lernvoraussetzungen gegeben: Aus Erkenntnissen der Gehirnforschung wissen wir, dass Lernen am besten funktioniert, wenn an Bekanntes angeknüpft werden kann. Positive Emotionen verstärken zudem die Erinnerungsleistung (Herrmann 2009, S. 157 ff). Die Kinder suchen sich nun ein passendes Themenfeld aus, dabei kann ruhig auf Spezialinteressen Rücksicht genommen werden. In unserem Beispiel verwenden wir Tiere auf dem Bauernhof. Die Ritterburg, Einsatzfahrzeuge, Automarken oder Feenwelten eigenen sich aber genauso gut, um die Kanalkapazität zu prüfen und zu trainieren.

Aus Würfeln und Symbolen wird eine Zahlenwelt

Auf einem Blatt Papier wird der zum Thema passende Hintergrund aufgemalt, beispielsweise ein Bauernhof mit Teich, Weiden, einem Hühnerstall etc. Die kleinen Montessori-Würfel sollen nun die verschiedenen Bauernhoftiere symbolisieren. Ein Hund sitzt beispielsweise wachsam vor der Haustüre. Zwei Katzen liegen faul auf der Gartenbank. Drei Hasen hoppeln im Kleintiergehege umher, vier Enten schwimmen im Teich. Der Phantasie sind dabei kaum Grenzen gesetzt, wichtig ist nur, dass die Kinder aktiv und ideenreich sind und nicht die Eltern! Die Kinder zählen die Würfel ab und legen sie nach und nach an die passende Stelle am Papier. Aus dem Bauernhof wird so auf ganz entspannte Weise ein lebendiges Lernfeld.

↑ *Das Gewimmel von Zahlen und deren Zusammenhänge wird mit Bildern übersichtlich.*

Die Eltern übernehmen anfangs nur die richtige Sortierung der Würfel. Die gängigen Würfelbilder von eins bis fünf werden dabei durch folgende Muster ergänzt:

Die Zehn wird zunächst aus zwei Fünfern zusammengesetzt und später durch eine Zehner-Stange ersetzt, wenn höhere Zahlen gelegt werden, wie z. B. 13:

Ein „Kompass" für den Zahlenraum

Doch nicht nur die Verbindung einer konkreten Mengenvorstellung mit einer gesprochenen oder geschriebenen Zahl ist entscheidend, sondern auch die Vorstellung von der Position der entsprechenden Menge im Zahlenraum. Das Wort „Zahlenraum" deutet an, dass Zahlen nicht als voneinander unabhängige Objekte aufgefasst werden, sondern in Beziehung zueinander stehen. Die Orientierung in diesem Zahlenraum bildet die Grundvoraussetzung für die Erarbeitung von Rechenstrategien. Damit ein Kind die Strukturen des Zahlenraums erkennen kann, wird er in Abschnitten ganzheitlich erarbeitet. Zehnerzerlegung in der Schule – vielfältige Übungen, bei denen es für Kinder oft schon schwierig ist, die Übung an sich zu verstehen und sie dabei nicht begreifen, um was es wirklich geht! Rein mechanisches Ausfüllen, Zahlenpaare werden zwar auswendig gewusst, wenn die Lehrerin sagt 3+4 ist 8, wird das auch geglaubt!

Zunächst schaffen wir Ordnung mit Hilfe der Würfelbilder. Auch Kettenaufgaben lassen sich so lösen, ohne zu Rechnen! Nur die geordneten Mengen ablesen ist der Schlüssel zum Erfolg.

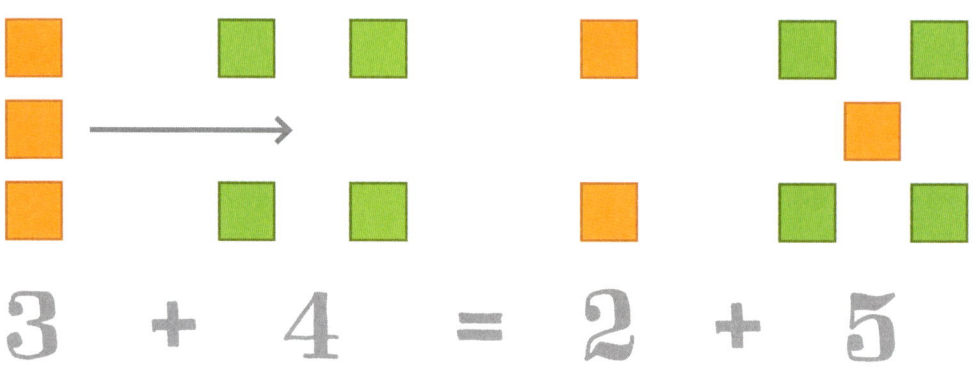

$$3 + 4 = 2 + 5$$

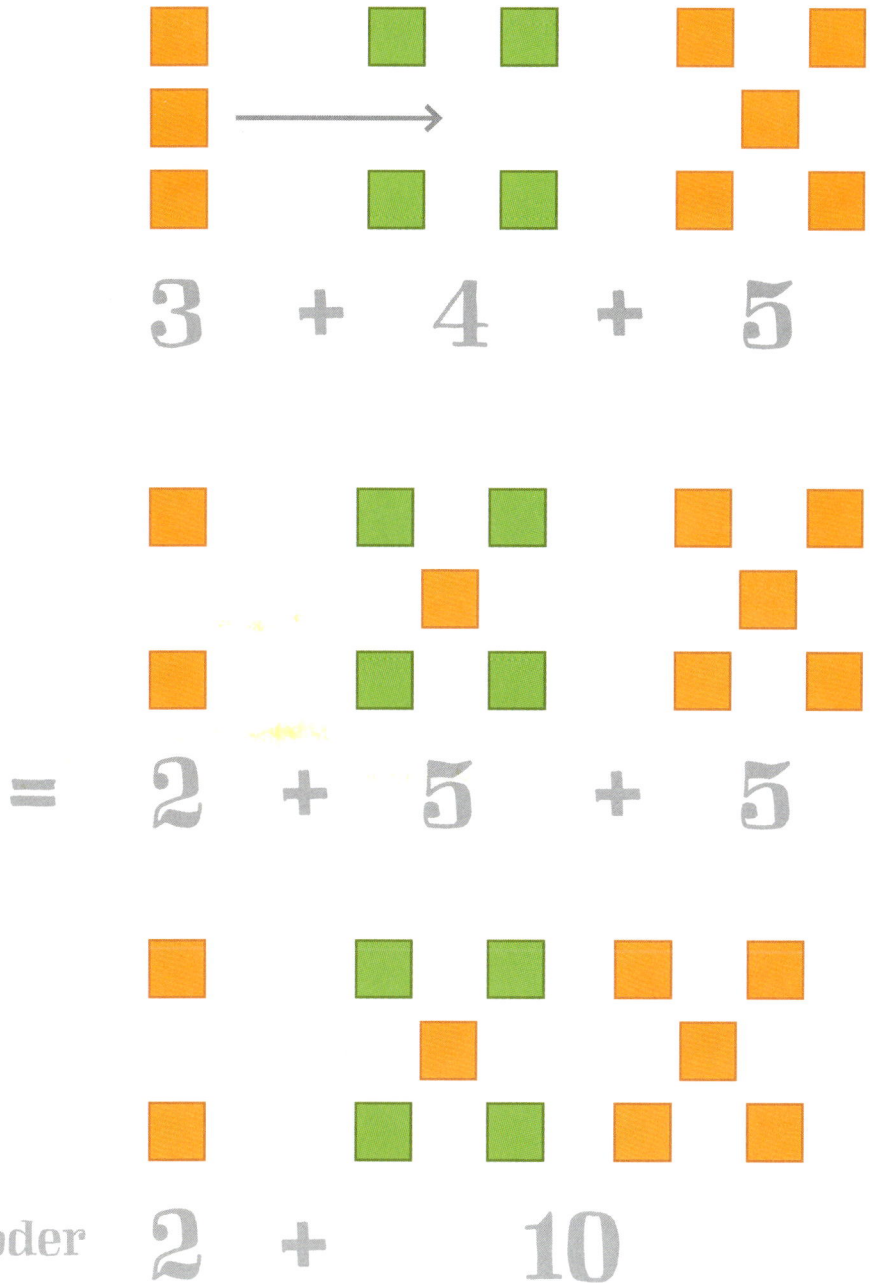

↑ Mit der richtigen Ordnung können wir die Ergebnisse ohne rechnerische Leistung leicht ablesen.

Kampf um die Aufmerksamkeit

Wenn die Sinne Achterbahn fahren

Unruhige, aggressive, unkonzentrierte und leicht ablenkbare Kinder – das Lernumfeld Schule wird immer stressiger und komplizierter. AVWF bietet Wege aus dem vermeintlichen „Teufelskreislauf". Gleichzeitig steigen die Herausforderungen und die Erwartungen an die Schüler.

Mit Karacho ins Abseits

Immer mehr Kinder haben Probleme in der Schule. Sie können nicht still sitzen, stören den Unterricht oder passen nicht auf. Die Folge: Es hagelt Beschwerden seitens der Lehrer und schlechte Noten. So galten 2011 rund 750 000 Deutsche als ADHS-krank, davon waren 620 000 Kinder und Jugendliche. In ähnlichem Ausmaß wie die Diagnose ADHS nahm auch die Behandlung mit dem Wirkstoff Methylphenidat zu, der in dem Medikament Ritalin enthalten ist. Die Zahl der Kinder und Jugendlichen, die dieses Arzneimittel einnehmen, stieg von 2006 bis 2011 um 39 Prozent. Schaut man genauer hin, haben diese auffälligen Kinder sehr oft eine Störung in der auditiven Wahrnehmungsverarbeitung. Differenziertes Hören ist für den Menschen ausgesprochen wichtig. Wie soll er sich in seiner Lebenswelt zurechtfinden, wenn basale Grundfunktionen wie Richtungshören, Tonhöhenunterscheidung, Mustererkennung etc. nicht einwandfrei funktionieren? Wie soll man sich artikulieren bzw. den Inhalt menschlicher Sprache verstehen, wenn keine bzw. nur eine eingeschränkte Verarbeitung der auditiven Reize durch das Großhirn erfolgt?

← *Der Klassen-Clown: Er ist an Aufmerksamkeit interessiert, ohne selbst aufmerksam zu sein. Am Ende steht er schulisch meist im Abseits.*

Low-Level-Funktionen

Die sogenannten Low-Level-Funktionen bilden die unterste von verschiedenen aufeinander aufbauenden Stufen der Entwicklung komplexer Leistungen. Sie sind Voraussetzung dafür, dass wir aufmerksam sind und uns konzentrieren können. Sie sind aber auch wichtig, um beispiels-

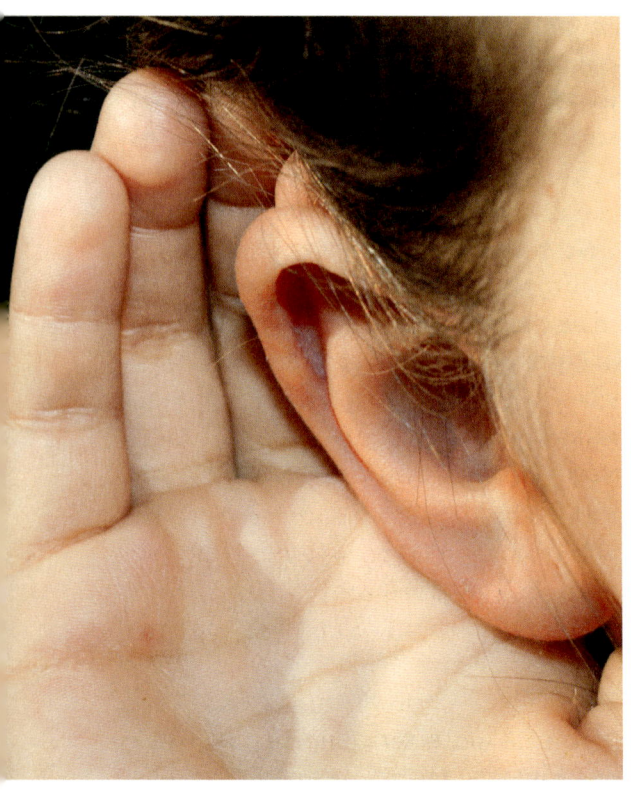

weise den Inhalt menschlicher Sprache entschlüsseln zu können. Von entscheidender Bedeutung sind dabei die Ordnungsschwelle (visuell/auditiv) und das Richtungshören. Die Ordnungsschwelle gilt als Maß für die Verarbeitungsgeschwindigkeit des Gehirns (Pöppel, 1985). Sie ist wichtig für eine zügige und präzise zeitliche Auflösung kontinuierlicher Seh- beziehungsweise Höreindrücke. Ist die Verarbeitungsgeschwindigkeit zu langsam, gehen uns immer Informationen verloren!

Das Richtungshören bezeichnet die Fähigkeit, die Richtung und Entfernung einer Schallquelle zu erkennen, diese also räumlich zu lokalisieren (Schönweiler & Ptok, 2000; Uttenweiler, 1996). Sie ist unabdingbar für das Unterscheiden von Stör- und Nutzschall. Bei einer Beeinträchtigung des Richtungshörens werden verschiedene Geräuschquellen als undifferenziertes Gemisch wahrgenommen, was sich negativ auf die Aufrechterhaltung der Aufmerksamkeit auswirkt.

← *Richtungshören ist entscheidend für die Fähigkeit, zwischen Nutz- und Störschall zu unterscheiden.*

Bei den Low-Level-Funktionen handelt es sich um verschiedene grundlegende Fähigkeiten des Gehirns:

1. Visuelle Ordnungsschwelle:

Darunter versteht man die Fähigkeit, zwei unterschiedliche visuelle Sinnesreize getrennt wahrzunehmen und in eine zeitliche Ordnung, also in eine Reihenfolge, zu bringen. Dies ist wichtig für die Zeitauflösung fortlaufender Seheindrücke, zum Beispiel beim Lesen. Ist diese Ordnungsschwelle zu hoch, so wird es schwierig, Buchstaben beim Lesen in der richtigen Reihenfolge abzuspeichern.

2. Auditive Ordnungsschwelle:

Hier geht es um die Fähigkeit, zwei akustische Sinnesreize getrennt wahrzunehmen und in eine zeitliche Ordnung, also eine Reihenfolge, zu bringen. Dies ist bedeutsam für die Zeitauflösung fortlaufender Höreindrücke beim Hören. Aus all diesem ergibt sich die Fähigkeit der Lauterkennung und damit der Sprachverarbeitung (zum Beispiel für Phoneme – wie d/t, p/b, g/k –, die nur sehr kurz anklingen, ebenso wie für kurze Wörter).

3. Richtungshören:

Im Mittelpunkt steht dabei die Fähigkeit, akustische Signale rasch und treffsicher zu lokalisieren. Dies ist beispielsweise wichtig für das stetige Erfassen der Lehrerstimme trotz der störenden Klassengeräusche. Wenn das Kind nicht zwischen einem Nutz- und Störschall unterscheiden kann, können störende Nebengeräusche im Klassenzimmer oftmals Konzentrationsprobleme hervorbringen. Defizite weisen zudem mitunter auf eine Störung der auditiven Figur-Hintergrund-Wahrnehmung hin!

4. Tonhöhenunterscheidung:

Unser Gehör ist in der Lage, zwei in ihrer Tonhöhe/Frequenz abweichende akustische Signale als solche wahrzunehmen und die Position des tieferen Tons zu bestimmen. Dies ist wichtig für das Erkennen von Vokalen und Sprechmelodie. Viele Botschaften gesprochener Sprache sind nur durch Erkennung der richtigen Tonhöhe korrekt zu verstehen.

Kinder, die Schwierigkeiten mit der Tonhöhenunterscheidung haben, können wenig betont lesen und haben oft Probleme mit einer sinngebenden Ausdrucksweise. Ebenso können sich Ver-

ständnisprobleme zeigen („Gehst du –
weg!" vs. „Gehst du weg?")

5. Wahl-Reaktionszeit:

Darunter versteht man die Fähigkeit, aus
je einem links und rechts dargebotenen
unterschiedlichen Ton den jeweils tieferen zu bestimmen und ganz rasch dazu
die entsprechende Taste zu betätigen.
Dies unterstützt die rasche Entscheidung zwischen Hör-Alternativen. Kinder, die Schwierigkeit mit der Wahl-Reaktionszeit haben, weisen oftmals eine
Automatisierungsschwäche im Entschei-
dungsprozess auf.

6. Mustererkennung:

Wir nutzen die Fähigkeit, den abwei-
chenden aus einer Folge von mindestens
drei Tönen heraus zu hören und lokalisieren zu können, vor allem für das dif-

ferenzierte Erfassen strukturierter Höreindrücke wie beispielsweise Sprache.

Dabei kommen vor allem zwei Aspekte zum Tragen: zum einen die Frequenz-
Mustererkennung und zum anderen die
Tonlagenerkennung. Die Frequenz-Mus-
tererkennung umfasst die Fähigkeit,
minimale Unterschiede hinsichtlich der
Tonhöhe innerhalb von Tonfolgen zu erkennen (Musiek & Pinheiro, 1987). Wenn
Kinder in diesem Bereich Defizite aufweisen, haben sie oftmals Schwierigkeiten bei der Unterscheidung ähnlich klin-
gender Laute (d/t, b/p, g/k etc.).

Bei der Tonlängenerkennung geht es
um die Fähigkeit, minimale Unterschiede
hinsichtlich der Tonlänge innerhalb von
Tonfolgen auszumachen (Musiek, 1994).
Kinder haben oft auch Defizite bei der
Unterscheidung langer und kurzer Vokale (Schal vs. Schall etc.).

Wahl-Reaktionszeit

→ Mangel an schneller und effizienter Entscheidungsfähigkeit

Motorische Koordination
visuell/auditiv

→ Informationen können nicht schnell genug aufgenommen, geordnet und umgesetzt werden

Ordnungsschwellen
visuell/auditiv

→ zu hohe Ordnungsschwelle geht immer mit Informationsverlust einher

Folgen

schnellere Ermüdbarkeit, geringe Frustrationstoleranz, Schwierigkeiten beim Befolgen von Anweisungen, Konzentrationsprobleme, erschwerte Sinnentnahme

Richtungshören

→ Schwierigkeit, Nutz- und Störschall zu unterscheiden

Mustererkennung
Frequenz/Tonlänge

→ mangelnde Sprachkompetenz

Tonhöhenunterscheidung

→ Schwierigkeit mit einer sinngebenden Ausdrucksweise

↑ *Die Low-Level-Funktionen bilden die Grundlage für die Sinneswahrnehmung und -verarbeitung.*

Eins nach dem anderen

Die Entwicklung von komplexen Leistungen erfolgt stufenförmig, d.h., dass die verschiedenen Ebenen aufeinander aufbauen. Nur wenn die unteren Ebenen wie Körperschema mit Gleichgewicht, Motorik und Wahrnehmung gut ausgeprägt sind bzw. automatisiert sind, kann das Kind adäquate Verhaltensweisen zeigen. Wenn dies nicht der Fall ist, fallen die Kinder häufig durch schnelle Ermüdbarkeit, Konzentrationsprobleme und geringe Frustrationstoleranz auf. Kaum bekannt ist, dass der Bereich der Low-Level-Bereiche die Basis für die Gesamtentwicklung des Menschen darstellt. Erst wenn die Basis durch die Low-Level-Funktionen hinreichend entwickelt ist, kann mit einer gezielten Teilleistungsförderung angefangen werden. Sind diese dann ausreichend ausgeprägt, beginnt die Arbeit an der eigentlichen Aufgabenstellung, der Entwicklung bislang unzureichender komplexer Leistungen. Wenn dies nicht beachtet wird, findet eine Arbeit am Symptom und nicht an der Ursache statt.

↓ *Wenn die Low-Level-Basis nicht stimmt, wird aus jeder Anforderung eine Überforderung.*

Hilfe suchen und finden

Lernprobleme ziehen vermehrt Verhaltensauffälligkeiten nach sich. Dann oder zum Ausschluss einer Lernbehinderung sollte in dritter Instanz ein Psychologe zur Diagnostik hinzugezogen werden. Er kann eine testpsychologische Untersuchung zur Abklärung der allgemeinen kognitiven Lernvoraussetzungen einleiten und eine Hoch- oder Minderbegabung feststellen.

Des Weiteren kann er psychische Begleitstörungen (z. B. Ängste, aggressives Verhalten…) behandeln oder Techniken zur besseren Stressregulierung vermitteln.

Da nicht jeder alles diagnostizieren, geschweige denn therapieren kann, sei an dieser Stelle noch ein kleiner Überblick über mögliche (weitere) Ansprechpartner gegeben.

Was?	Wer?
visuelle Probleme	Augenarzt, Optometrist
Hörfähigkeit	Ohrenarzt
Sprachentwicklungsstörungen	Logopäde, Sprachheilpädagoge
Entwicklungsstörungen der Motorik	Krankengymnastik, Motopäde, Ergotherapeut
Aufmerksamkeitsstörungen	Psychologe, Mediziner
psych. Begleitstörungen	Psychiater, Psychologe
Epilepsie	Neurologe
spezielle Erkrankungen	Mediziner

Vom Low-Level zum High-Level

Nach einem Modell von Prof. Dr. Martin Ptok, Ärztlicher Direktor der Klinik und Poliklinik für Phoniatrie und Pädaudiologie der Medizinischen Hochschule Hannover, beschreiben die Low-Level-Funktionen die untere von fünf hierarchisch aufeinander aufbauenden Stufen der Entwicklung sprachlicher Kompetenz. Diese basale Stufe besteht aus Fähigkeiten wie zum Beispiel der Tonhöhenunterscheidung, dem Richtungshören und der Reaktionszeit im Hörbereich. Damit haben die Low-Level-Funktionen zwar noch keinen unmittelbaren Bezug zur Sprache, sind aber wichtig für das Erkennen von Lauten, Silben, Wörtern und schließlich für das Verstehen sprachlicher Kontexte, also für die höheren Entwicklungsstufen der Sprachkompetenz (siehe auch Kapitel 4 „Lesen und Schreiben").

Probleme im Schriftspracherwerb sind oftmals ein Symptom nicht ausreichend entwickelter Low-Level-Funktionen. Oder anders ausgedrückt: Defizite im Low-Level-Bereich führen zu einer Beeinträchtigung darüber angesiedelter Funktionen. Kinder fallen dann häufig durch zu schnelle Ermüdbarkeit, Konzentrationsprobleme und eine geringe Frustrationstoleranz auf. Aus diesem Grund ist es wichtig, Defizite frühzeitig zu erkennen und zu behandeln. Genau hier setzt die AVWF an – nämlich an der Verbesserung der Low-Level-Funktionen. Durch die Schallmodulation wird also die Ursache, nicht das Symptom, bekämpft.

Sinnesreize effizient verarbeiten

Beim Low-Level-Test werden die Normwerte (getrennt nach Alter) der verschiedenen Low-Level-Funktionen erfasst. Nur Werte unter bzw. in unmittelbarer Nähe der Norm sprechen für eine ausreichende Automatisierung der Low-Level-Funktionen und damit eine effiziente Verarbeitung von Sinnesreizen über die Großhirnrinde. Abweichungen hingegen gelten als Indikator für Störungen in der Wahrnehmungsverarbeitung. Hinzu kommt, dass bei nicht voll automatisierten Low-Level-Funktionen sehr viel Energie des Organismus bereits im Low-Level-Bereich verbraucht wird, die letztlich für die Entwicklung der High-Level-Funktionen fehlt.

→ *Wenn die Eindrücke Karussell fahren und nicht mehr automatisiert einzuordnen sind, wird die Schule zum Horrortrip.*

In zehn Tagen zum Erfolg

Sozial angepasstes Verhalten können wir nur zeigen, wenn die Umgebung als ausreichend sicher erachtet wird und eine Verarbeitung der Reize über die Großhirnrinde erfolgt. Bei Kindern mit Defiziten in den Low-Level-Funktionen befindet sich das Nervensystem häufig in einem dauerhaft gestressten Zustand, da es die

↑ Mit dem „Brainboy" lassen sich Low-Level-Funktionen testen. Auf den Ergebnissen baut die AVWF-Behandlung auf.

Vielzahl an einströmenden Informationen aus der Umwelt nicht richtig verarbeiten kann (= ineffiziente Verarbeitung von Reizen durch die Großhirnrinde). In der Folge können eben diese Kinder sozial unangepasste Verhaltensweisen zeigen.

Auf dieser Erkenntnis baut die AVWF-Methode auf. Im Anschluss an eine umfassende diagnostische Eingangsphase folgt in der Regel eine zehntägige Behandlung mit der AVWF-Methode. Über Kopfhörer bekommen die Klienten täglich eine Stunde lang schallmodulierte Musik zugespielt. Da die damit verbundene positive Stimulation des autonomen Nervensystems unbewusst geschieht, kann das Kind dabei Hausaufgaben oder Lernspiele am PC machen.

Wie Kontroll- und Vergleichstests zeigen, können mit der AVWF-Methode bei Kindern und Jugendlichen die Lern- und Aufnahmefähigkeit, die Motorik sowie die mentale und körperliche Leistungsfähigkeit nachweislich verbessert werden. Dabei werden im Unterbewusstsein bereits vorhandene biogenetische Muster neu stimuliert. Das autonome Nervensystem und damit auch das Lernvermögen werden positiv beeinflusst und die Reizverarbeitung verbessert.

→ Mit der AVWF-Methode verbessern Kinder und Jugendliche spielerisch ihre Lern- und Aufnahmefähigkeit.

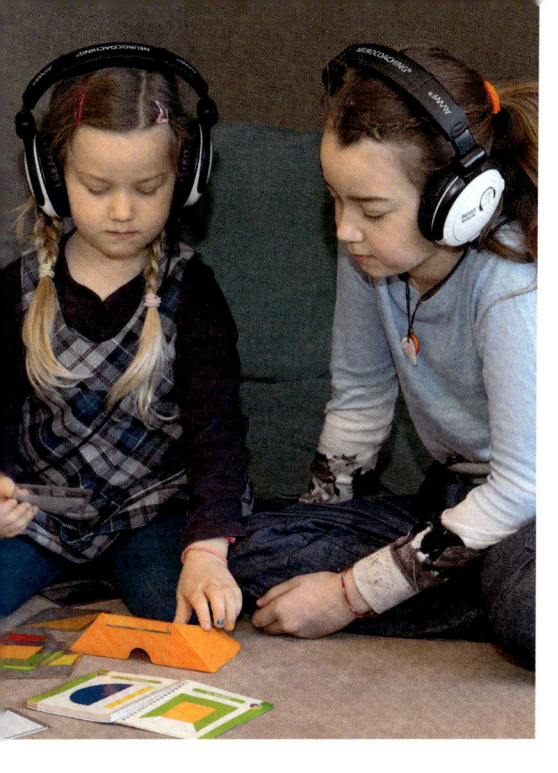

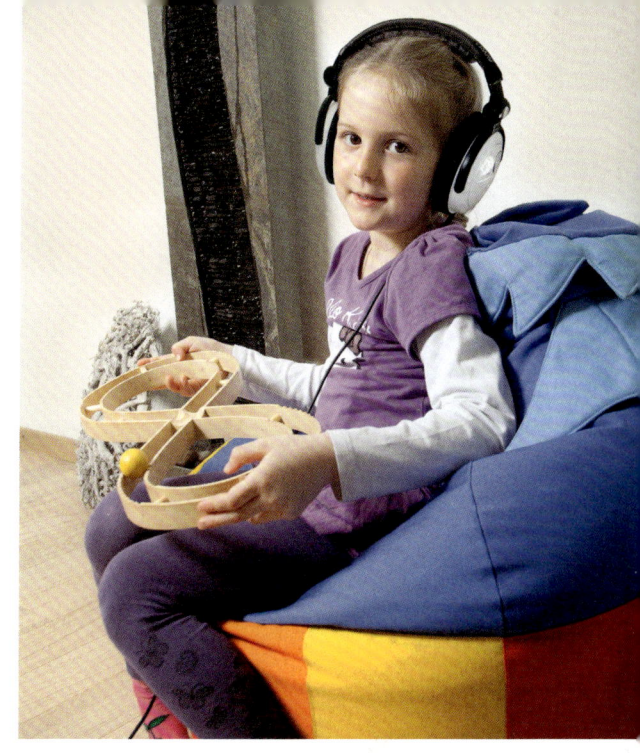

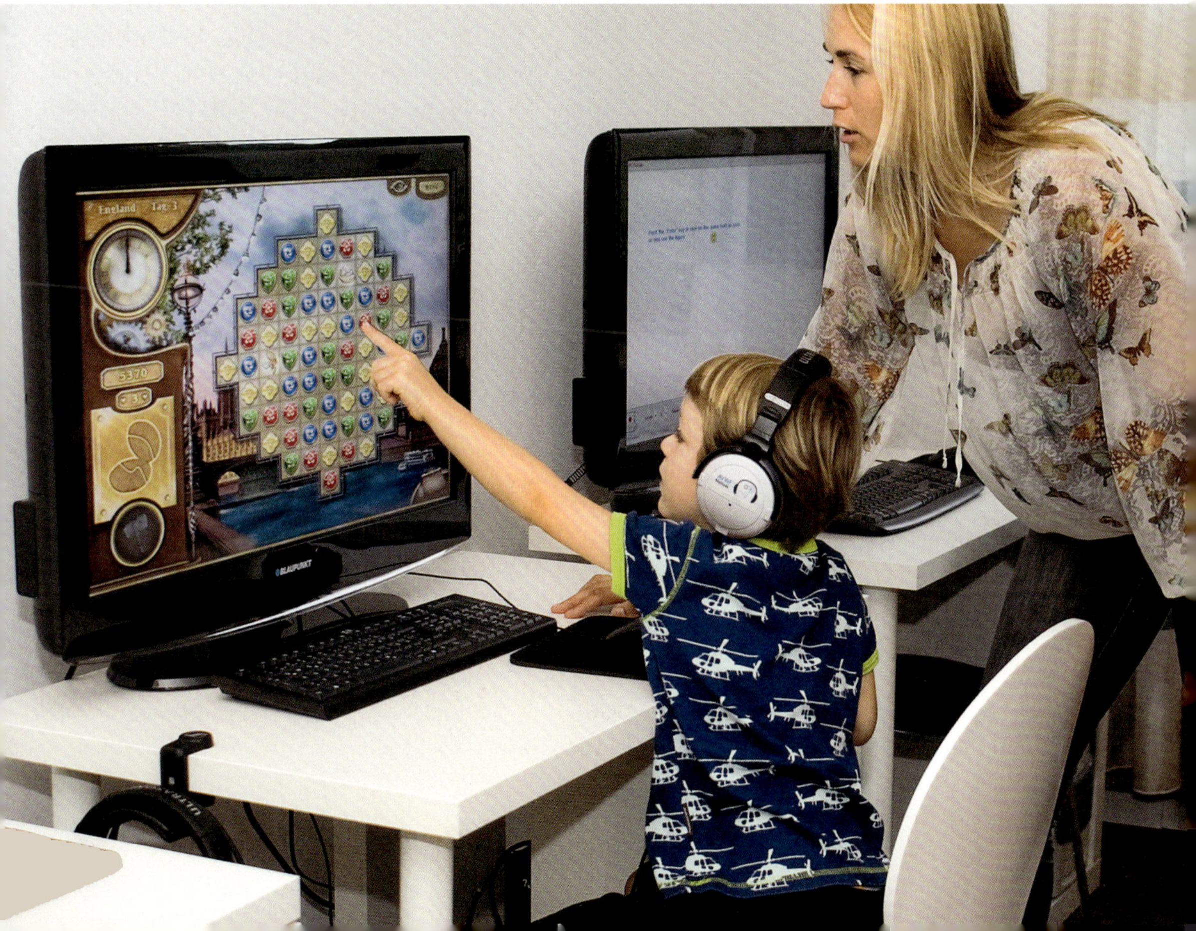
England
Tag 3
5370
BLAUPUNKT

Raus aus der Überforderung!

L eon kam erstmals im Februar 2011 mit seinen Eltern ins AVWF-Zentrum Hofheim.

Zu diesem Zeitpunkt war sein Verhalten um ein bis zwei Jahre entwicklungsverzögert. Laut seiner behandelten Ergotherapeutin wurde folgender Befund gestellt: Koordination, Rechts-Links-Unterscheidung, Malen (Graphomotorik) und Konzentrationsspanne unter dem Normbereich. Er reagierte kaum auf verbale Anweisungen und war in großen Gruppen sehr schnell überfordert, was sich in aggressivem Verhalten äußerte. Wegen des Verdachts auf ADHS stellten die Eltern einen Antrag auf Rückstellung

↖ *Verträumt oder krank? Überforderung von Kindern macht Eltern und Lehrer oft ratlos.*

um ein Jahr in der Schule. In der Folge begann Leon mit Ergotherapie, später auch mit Logopädie und einer Psychotherapie.

Die Wahrnehmung verbessern
Während des Tests der Low-Level-Werte nach Warnke fiel auf, dass sich Leon kaum konzentrieren konnte. Es fiel ihm schwer, die Textanweisungen zu verstehen und umzusetzen und er konnte sich kaum auf die geforderten Aufgaben fokussieren. Bei den Werten des Vortestes (VT) ist zu sehen, dass Leon in den Werten der Wahrnehmung/Wahrnehmungsgeschwindigkeit sehr große Schwierigkeiten zeigt und folglich keine adäquate Konzentration/Aufmerksamkeit im Verhalten zeigen konnte. Eine Verlangsamung (gemessen in Millisekunden) geht immer mit Informationsverlust und erhöhtem Energie- und Zeitaufwand einher.

Beim dritten Nachtest (NT3) am 4.11.2011 haben sich die Werte der Wahrnehmung/Wahrnehmungsgeschwindigkeit eindeutig verbessert und die Mutter hat deutliche Veränderungen im Verhalten beobachtet. Leon hat große Fortschritte beim Malen gemacht: Er zeigte mittlerweile Interesse am Stift,

↑ Die Verbesserung der Low-Level-Werte bringt die Konzentration und Aufmerksamkeit voran. Das Lernen fällt leichter.

seine Stifthaltung hatte sich verbessert, er benannte seine Figuren und malte viel differenzierter. Auch bei Schwungübungen konnte er mittlerweile gleichmäßig die Stiftbewegungen ausführen. Der Junge zeigte großes Interesse am Lernen und an Zahlen. Seine Sprache und seine Ausdrucksweise hatten sich positiv verändert. Seine Selbstregulierung war besser geworden, er konnte sich sogar aus eigenem Antrieb entschuldigen. In der Gruppe verhielt er sich allgemein ruhiger, dies hing aber noch stark von der Situation ab. Er wirkte mittlerweile wie ein „fittes Schulkind". Der Verdacht auf ADHS bestand nicht mehr und er konnte die Logopädie beenden.

Zurück ins Leben

Die damals 14-jährige Lisa lag nach einem schweren Autounfall im Dezember 2006 zwei Wochen lang im Koma. Daran schloss sich ein dreimonatiger Reha-Aufenthalt an mit einer Vielzahl an Therapien (u.a. Sprachtherapie, neuropsychologische Behandlungen). Im klinischen Abschlussbericht hieß es: „Aus neuropsychologischer Sicht bedeuten die zur Zeit noch bestehenden kognitiven Defizite eine erhebliche Minderung der Leistungsfähigkeit in Bezug auf schulisches Lernen. Ob Lisa den Anforderungen der 8. bzw. 9. Klasse wird gerecht werden können, ist derzeit fraglich."

Während des kompletten neunten Schuljahres wurden Lisas schulische Leistungen daher auch nicht bewertet. Kurz vor Ende des neunten Schuljahres bekamen die Eltern dann die Empfehlung, Lisa von der Schule zu nehmen und in einer Integrationsklasse unterrichten zu lassen. Zu diesem Zeitpunkt, also etwa zwei Jahre nach dem Unfall, stellte sich Lisa erstmals im AVWF-Zentrum vor.

Neben Defiziten in den Low-Level-Funktionen wurden massive Einschränkungen im Farbgesichtsfeld aufgedeckt. Ferner berichtete die Mutter von einem hohen Schutzbedürfnis. Lisa sei sehr zurückgezogen und nicht mehr so lebendig, traue sich selbst auch nichts mehr zu seit dem Unfall. Daraufhin nahm Lisa an einer zweiwöchigen Audiovisuellen Wahrnehmungsförderung teil.

Endlich bleibt wieder was hängen

Innerhalb des darauf folgenden halben Jahres wurde Lisa in der Schule wieder benotet. In der ersten Arbeit schrieb sie zwar eine Fünf, berichtete die Mutter, Lisa habe sich aber sehr darüber gefreut, da doch endlich auch mal etwas hängen geblieben sei. Nach und nach wurden die Noten besser und Lisa erreichte eine Durchschnittsnote von 3,0 am Ende des neunten Schuljahres. Im Sommer 2010 schloss Lisa die Schule mit dem Realschulabschluss ab. Insgesamt erzielte Lisa durch die AVWF deutliche Verbesserungen im motorischen Bereich.

Lisa kommunizierte besser mit den Eltern und zeigte sich wieder deutlich aufgeschlossener. Mittlerweile hat Lisa die Fachhochschulreife erlangt und denkt sogar über ein Studium nach.

→ *In der Schule war Lisa nach ihrem Unfall bereits als hoffnungsloser Fall abgeschrieben. Mit AVWF kam die Wende.*

Kopfsache: Richtig lernen lernen

Auf die Technik kommt's an

Keine Lust! Mach ich später... hab' ich eh schon gemacht... Viele Eltern kennen das tägliche Gezeter ums Lernen. Hausaufgaben, Vokabeln oder für Klassenarbeiten lernen sind bei vielen Familien ein heißes Eisen. Effektives Lernen will gelernt sein. Dann macht es auch richtig Spaß.

Lernen und behalten – (k)eine Kunst

Ob Klassenarbeit, Klausur oder Abitur. Wenn die Prüfung naht, beginnt für viele Schüler der Ausnahmezustand. Sie lernen rund um die Uhr, versinken fast hinter ihren Büchern. Trotzdem ist ständiges Büffeln kein Garant für Erfolg. Wer eine schwierige Prüfung bestehen muss oder dauerhaft erfolgreich lernen will, kann dies nur mit der zu ihm passenden Lernstrategie erreichen.

Was heißt eigentlich Lernen? Bevor wir uns mit der Erklärung von Lernstrategien beschäftigen, sollte definiert werden, was Lernen eigentlich bedeutet. In der Literatur findet man verschiedene Begriffsbestimmungen. Manfred Spitzer, Neurowissenschaftler und Lernpsychologe, definiert Lernen als „aktiven Vorgang, in dessen Verlauf sich Veränderungen im Gehirn des Lernenden abspielen".

In der Schule bedeutet Lernen in der Regel die Erweiterung unseres Wissens, das heißt, die Fähigkeit der Informationsspeicherung und deren späteren Abruf, zum Beispiel in Klassenarbeiten oder in Prüfungen. Doch wie kann ich Neues am besten lernen? Wie muss das zu Lernende aufgebaut sein, damit wir es möglichst einfach und nach Möglichkeit auch langfristig behalten können?

Hinsehen allein reicht nicht

In der Regel versuchen Lehrer ihren Schülern neues Wissen strukturiert zu vermitteln, indem sie zu lernende Sachverhalte unter Anwendung verschiedener Methoden veranschaulichen. Dabei wird fälschlicherweise angenommen, dass sich das Wissen, das vor Augen erscheint, auch irgendwann im Geist abbildet. Analog dazu die Annahme, dass immer wieder Gehörtes automatisch innerlich nachvollzogen und damit verstanden und abgespeichert wird.

Diese Lehrtechnik übersieht, dass die über die Sinne aufgenommenen Informationen zuerst verarbeitet werden müssen, bevor daraus individuelles Wissen entstehen kann. Die Folge: schnelles Vergessen.

← *Wie soll nur das ganze Wissen in den Kopf kommen? Von allein geht es – leider – nicht.*

Speichern mit System

arum vergessen wir manche Dinge sehr schnell wieder, wohingegen wir uns an andere noch Jahre später erinnern können? Der Mensch verfügt über verschiedene Speichersysteme. Forscher gehen davon aus, dass es mindestens drei verschiedene Gedächtnisse gibt: das Ultra-Kurzzeitgedächtnis, das Kurzzeitgedächtnis sowie das Langzeitgedächtnis. Diese unterscheiden sich sowohl hinsichtlich Ihrer Speicherdauer als auch ihrer Speicherkapazität.

Da Lernen (= Erwerb von Informationen) und Gedächtnis (= deren Anwendung) untrennbar miteinander verbunden sind, ergeben sich die folgenden Konsequenzen: Es gilt beim Lernen stets zwei Schwellen zu überwinden: Informationen müssen ins Kurzzeitgedächtnis gelangen, ehe sie erfolgreich ins Langzeitgedächtnis überführt werden können. Da die Aufnahmekapazität und -dauer des Kurzzeitgedächtnisses begrenzt ist, zerfallen unzureichend oder oberflächlich verarbeitete Informationen in der Regel sehr schnell wieder. Daraus folgt: Je intensiver Informationen verarbeitet werden, desto vielseitiger werden sie im Langzeitgedächtnis verankert und umso sicherer und leichter können sie zu einem späteren Zeitpunkt wieder abgerufen werden.

Informationen vernetzen

Mit der richtigen Technik können Informationen dabei erheblich schneller und vor allem ressourcenschonender ins Langzeitgedächtnis überführt und damit auch besser behalten werden. Doch welchen verschiedenen Anforderungen muss eine solche Lerntechnik genügen? Denken ist kein linearer Vorgang, sondern ein komplexer Prozess. Man kann zwischen verschiedenen Gedankengängen hin- und herspringen, verschiedene Aspekte einer Thematik ausblenden oder mit Aspekten anderer Thematiken in Beziehung setzen. Im Gehirn entsteht auf diese Weise beim Lernen eine Art Netzwerk von miteinander in Beziehung stehenden Informationen.

Lernen durch Anhören eines Vortrags oder durch wiederholtes Lesen eines Textes wird der Funktionsweise unseres Gehirns nicht gerecht. Ganz abgesehen davon, dass der überwiegende Anteil an Wörtern eines Textes für Erinnerungszwecke völlig irrelevant ist, trotzdem aber Speicherkapazitäten erfordert, die für die eigentlichen Lerninhalte dann nicht mehr zur Verfügung stehen.

Forscher haben herausgefunden, dass Informationen umso besser behalten werden, je intensiver sie vom Lernenden verarbeitet wurden. Jeder sollte daher seinen Lernprozess selbst initiieren! Darüber hinaus lassen sich neue Informationen wesentlich leichter im Gedächtnis verankern, wenn der Lernstoff von verschiedenen Blickwinkeln betrachtet, das heißt multipel, also unter Ausnutzung mehrerer Verarbeitungskanäle, enkodiert wurde. Daher sollte ganzheitliches Lernen immer möglichst viele verschiedene Gehirnbereiche ansprechen, weil dem Lernenden auf diese Weise mehr Ressourcen zur Verfügung stehen und mehr Verknüpfungen im Gehirn angelegt werden.

Logik mit links

So ist die linke Gehirnhälfte bei den meisten Menschen für rationales logisches Denken, Sprache, Zahlen, Linearität und Analyse zuständig, während der rechte Teil überwiegend Raumwahrnehmung, Farbe, Rhythmus, Bild-, Gestalt- und Mustererkennungen sowie Kreativität steuert.

↑ *Lernen und Gedächtnis sind untrennbar miteinander verbunden.*

Verknüpfen statt vergessen

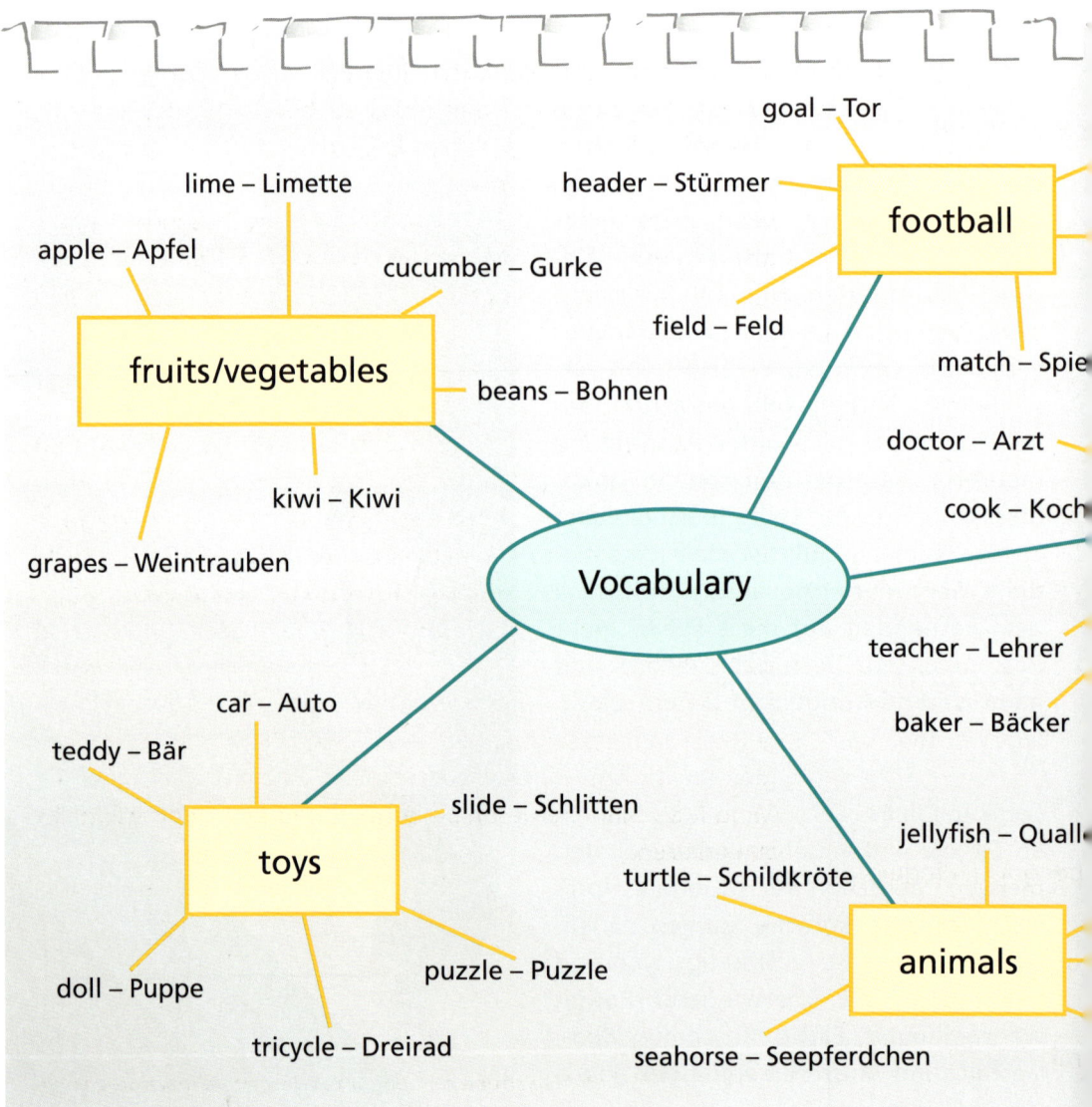

orner – Ecke

keeper – Torwart

painter – Maler

jobs

dentist – Zahnarzt

penguin – Pinguin

og – Frosch

ral – Koralle

erkömmliche Mind-Maps ähneln einem Baum, an dessen Ästen die entscheidenden Schlüsselworte stehen. Sie enthalten meist das zu bearbeitende, zentrale Thema in der Mitte des Blattes. Es wird möglichst genau formuliert und/oder als Bild dargestellt. Nach außen erstrecken sich verschiedene Hauptäste (Hauptkapitel) mit weiteren Unterästen (Unterkapitel), welche die dazugehörenden Informationen ranggerecht darstellen. An den Ästen steht immer genau ein Schlüsselwort.

Schlüsselworte sind der Schlüssel

Da beim Mind-Mapping nur Schlüsselworte benutzt werden und auf überflüssige Füllworte verzichtet wird, ist diese Technik nicht nur sehr ressourcenschonend, sondern ermöglicht auch die für das Lernen wichtigen Assoziationen. Ferner wird bei der Erstellung versucht, der kreativen Arbeitsweise unseres Gehirns gerecht zu werden, indem Farben und manchmal auch Bilder benutzt werden. Leider dienen die Farben nur allzu oft dem Zweck, die Mind-Map „lesbarer" zu machen. So erklärte mir eine Abiturientin einmal, dass sie jeweils ranggleiche Informationen in derselben Farbe markiere, um die Mind-Map schneller lesen zu können und den Überblick nicht zu verlieren.

← *Die Vokabel-Mind-Map strukturiert Begriffe. Wie viele Vokabeln können Sie nach zwei Minuten Betrachten wiedergeben?*

Die Landkarte im Kopf

eder Mensch verfügt grundsätzlich über die Fähigkeit, alle ihm zur Verfügung stehenden Intelligenzen zu aktivieren, die eine stärker, die andere schwächer. Deren Wert ist kulturell vorbestimmt. Sie sind abhängig davon, was die jeweiligen Gesellschaften oder Kulturkreise als notwendig, nützlich und schätzenswert erachten. Westliche Kulturen fördern beispielsweise eher die logisch-mathematische und linguistische Intelligenz, während in anderen Kulturen andere Intelligenzen im Vordergrund stehen. Ein gutes Beispiel dafür sind das räumliche Wahrnehmungsvermögen und die körperlich-kinästhetischen Fähigkeiten der Seefahrer einer Inselgruppe Mikronesiens, die ohne Landkarte zwischen Hunderten von Inseln umherfahren.

Das Wissen um die Individualität der Intelligenz lässt sich für ein gezieltes Lernen nutzbar machen. Dazu müssen die neu zu erlernenden Inhalte auf mehrperspektivische Art und Weise angegangen werden. So kann sich jeder Einzelne den jeweils in seinem Umfeld auftretenden Problemen seinen Neigungen entsprechend stellen und zu eigenen Lösungswegen gelangen.

Auf den Punkt gebracht

Mit dem im Folgenden erläuterten speziellen Mind-Map-Verfahren wird die Theorie Gardners in ein pädagogisches Instrument für die Praxis umgesetzt. Denn: Beim Lernen mit herkömmlichen Methoden werden meist nur die verbal-linguistische und/oder die logischmathematische Intelligenz genutzt.

Ganzheitliches Lernen sollte möglichst viele verschiedene Gehirnbereiche ansprechen, weil dem Lernenden auf diese Weise mehr Ressourcen zur Verfügung stehen und mehr Verknüpfungen im Gehirn angelegt werden.

AHA!

Ressourcen schonen

Es war sicherlich schwierig, bei der Vokabel-Mind-Map auf der vorherigen Seite auf den ersten Blick alle relevanten Informationen zu erfassen und dann entsprechend wiederzugeben. Auch die Verwendung der Farben scheint willkürlich gewählt worden zu sein und gibt uns keine zusätzliche Hilfe, sondern sorgt für mehr Verwirrung. Möchte ich die Inhalte der dargestellten Mind-Map wiedergeben, so muss ich zu viele Ressourcen aufwenden, um mich an jedes einzelne Detail zu erinnern. Wir benötigen also eine effizientere und ressourcenschonen-

dere Mind-Map-Methode. Denn: Die Mind-Map soll uns helfen, wichtige Anhaltspunkte schnell zu erinnern, damit wir sie in Stresssituationen, meist sind das Prüfungssituationen, entsprechend schnell abrufen und umsetzen können. Eine multipel enkodierte „Mind-Map" zum selben Thema könnte wie unten dargestellt aussehen.

Sie sehen, mit nur ein paar wenigen Veränderungen steht ein wirklich hilfreiches pädagogisches Instrument zur Verfügung, mit dem man Informationen übersichtlich und ressourcenschonend aufbereiten kann.

fruits/vegetables

lime	– Limette
kiwi	– Kiwi
grapes	– Weintrauben
apple	– Apfel
cucumber	– Gurke
beans	– Bohnen

animals

jellyfish	– Qualle
coral	– Koralle
seahorse	– Seepferdchen
turtle	– Schildkröte
penguin	– Pinguin
frog	–

football

goal	– Tor
corner	– Ecke
field	– Feld
match	– Spiel
keeper	– Torwart
header	– Stürmer

toys

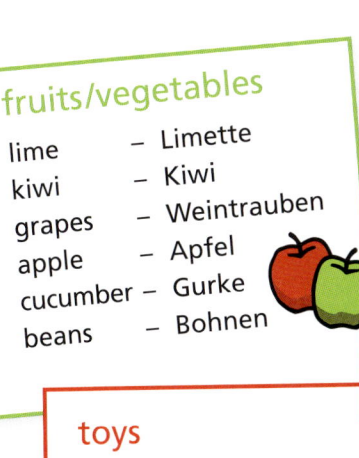

tricycle	– Dreirad
doll	– Puppe
teddy	– Bär
car	– Auto
puzzle	– Puzzle
slide	– Schlitten

jobs

doctor	– Arzt
dentist	– Zahnarzt
teacher	– Lehrer
cook	– Koch
baker	– Bäcker
painter	– Maler

Sechs Schritte zur perfekten Mind-Map

1. Thema festlegen

Als erstes sollte ein Thema festgelegt werden. Andernfalls besteht die Gefahr, dass man abschweift oder den Überblick verliert. Bei komplizierten Sachverhalten oder sehr umfangreichen Themen kann – gerade für Einsteiger – eine Unterteilung in kleinere Unterthemen hilfreich sein, die jeweils getrennt erarbeitet werden. Erst später, wenn die jeweiligen Inhalte gefestigt worden sind, werden die einzelnen Punkte zueinander in Beziehung gesetzt und auf einem großen Merkblatt zusammengefasst. Letzteres dient dann als Anker für alle Überlegungen in Bezug auf das Thema und ermöglicht das schnelle und sichere Erfassen aller wichtigen Punkte.

Ein Beispiel dafür liefern der Laut X, dessen Hörverstehen und die damit verbundenen unterschiedlichen Schreibweisen. Natürlich lässt sich dieses auf jeden beliebigen Sachverhalt übertragen (vgl. dazu auch Beispiele am Ende des Textes).

2. Brainstorming

Im zweiten Schritt werden nun alle relevanten Informationen zum Thema gesammelt und im Brainstorming wahllos verteilt auf ein Blatt Papier notiert. Wichtig ist hierbei, dass nur Informationen aufgenommen werden, die auch auf ihre Richtigkeit hin überprüft wurden (z. B. durch Abgleich mit Aufzeichnungen, Lehrbuch, Lexika, Internet…).

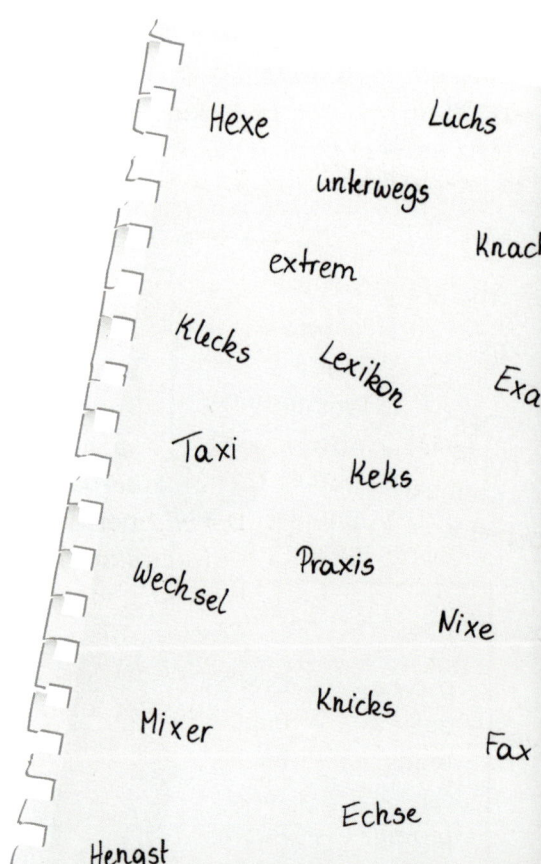

mit x

Hexe   Taxi
    Export Axt
  Nixe Fax   Explosion
extrem   Examen
    Praxis Text
Lexikon   Boxer

mit ks

Keks   links

mit chs

Luchs   Ochse   Fuchs
       Gewächs
Echse   sechs
    Wechs~

mit cks

Knacks Knicks
   Klecks
      Häcksel

mit gs

Hengst   längst
unterwegs Angst

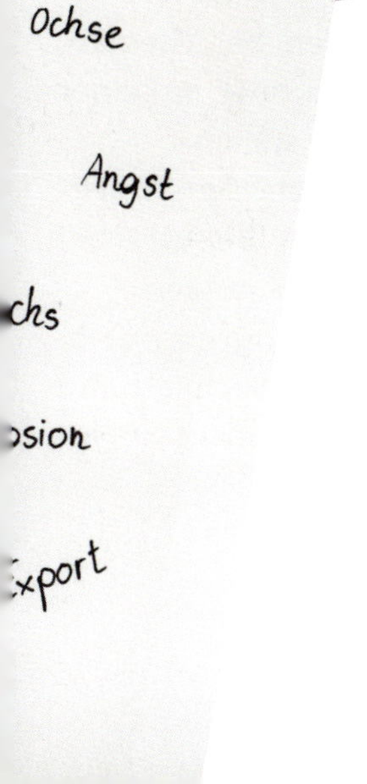

Boxer

Ochse

Angst

~chs

~sion

~xport

↑ Schritt für Schritt zu einer inneren Ordnung gelangen.

3. Struktur geben

Der wichtigste Schritt folgt nun. Dem Lernstoff wird eine eigene (!) Struktur gegeben. Das heißt, die gesammelten Begriffe
werden geordnet und wenn möglich unter verschiedenen
Oberbegriffen zusammengefasst. Das eigenständige Erarbeiten solcher Gesetzmäßigkeiten ist bereits ein wichtiger Schritt
für das Verstehen des Sachverhalts.

4. Zuordnen

Im nächsten Schritt werden jedem Ober-begriff eine Farbe und ggf. auch ein Symbol zugeordnet. Auf diese Weise werden jene Gehirnteile beim Lernen stimuliert, die die Phantasie, Farbe und bildliche Vorstellungskraft steuern und die beim herkömmlichen Lernen norma-lerweise ungenutzt bleiben. Dies erleich-tert das Erinnern der einzelnen Begriff-lichkeiten.

Unterschiedliche Kategorien bekom-men hierbei unterschiedliche Farben und Symbole zugeordnet. Denkbar wären:

mit x:	grün
mit chs:	rot
mit cks:	blau
mit gs:	lila
mit ks:	orange

5. Merkblatt gestalten

Da nun alle wesentlichen Vorarbeiten für das Erstellen einer etwas anderen Mind-Map abgeschlossen sind, kann man sich überlegen, wie man die Dinge an-ordnen will. Dabei bleibt es jedem selbst überlassen, welche Struktur er dem Lern-stoff geben will. Es sollte stets die Form der Darstellung gewählt werden, die am leichtesten für den Ersteller der Mind-Map nachzuvollziehen ist. Auf Übersicht-lichkeit und Lesbarkeit achten. Texte stets nur in einer Ausrichtung schreiben. Fertig ist die Mind-Map!

Gerade zu Beginn oder bei abstrakte-ren Themen kann es schwierig sein, die verschiedenen Farben und Symbole zu-zuordnen beziehungsweise sich für eine Anordnung zu entscheiden. Hier daher einige Tipps zu:

Farbwahl

- Gleiche Farben fasst unser Gehirn zusammen. Aus diesem Grund mitei-nander in Beziehung stehende Sach-verhalte in ähnlichen Farben (z.B. hell- und dunkelgrün) gestalten.
- Kontrastfarben wählen bei Themen, die gegensätzlich sind oder in keiner Beziehung zueinander stehen.
- Rot ist eine Signalfarbe. Deren Wir-kung kann man, zum Beispiel bei wichtigen Sachverhalten, nutzen.
- Schwache Farben wie grau, gelb, weiß für unwichtige Sachverhalte nutzen, da diese dann nicht so ins Auge springen.

■ Überlegen, was einem spontan zu einem bestimmten Thema einfällt, z. B. Wasser – blau, Sommer – gelb, Personen – Hautfarbe …). Gleiches gilt für die Wahl der Symbolik.

Symbolik

■ Weniger ist mehr. Kein Gemälde mit zu vielen Details gestalten.

■ Nicht immer muss ein zusätzliches Symbol gefunden werden. Es können auch verschiedene abstrakte Formen wie Kreis oder Viereck als Umrandung gewählt werden. Diese können zusätzlich räumlich zueinander in Beziehung gesetzt werden.

Räumliche Anordnung

■ Dinge, die nichts miteinander zu tun haben, räumlich voneinander trennen.

■ Analog dazu ähnliche oder zusammenhängende Sachverhalte räumlich nah anordnen.

■ Das Thema muss nicht – wie bei herkömmlichen Mind-Maps – in der Mitte stehen.

■ Das Merkblatt so gestalten, dass das ganze Blatt Papier genutzt wird und nicht nur die linke obere Ecke.

Gerade beim Erlernen der Mind-Map-Technik kann es hilfreich sein, immer wieder zu hinterfragen, warum etwas gemacht wurde. So sollte man auf Nachfrage immer angeben können, warum man etwas genau so und nicht anders kodiert, angeordnet bzw. sortiert hat. Wie bei allen Dingen heißt es aber auch hier: Übung macht den Meister! Mit der Zeit wird man immer geschickter und sicherer in der Gestaltung multipel enkodierter Merkblätter werden.

Eine fertige Mind-Map zum Thema Doppelvokale könnte wie auf Seite 99 aussehen.

6. Regelmäßig anschauen, reduzieren

Wir erinnern uns: Lernen heißt, dass neuartige Wissensstrukturen zunächst nachvollzogen und anschließend abgespeichert werden, um zu einem späteren Zeitpunkt sowohl abgerufen als auch angewendet werden zu können. Erinnerungen im LZG verblassen, wenn sie lange Zeit nicht abgerufen wurden. Aus diesem Grund ist es notwendig, dass die Mind-Maps zunächst möglichst täglich angeschaut werden. So prägt sich die einmal erarbeitete und verstandene Struktur gut ein. Ein intensives Lernen des Inhaltes ist nicht erforderlich, da sich die Mind-Maps allmählich in einer Art „Kopf-Kino" vor dem inneren Auge abzeichnen.

Je mehr Inhalte im Verlauf automatisiert vorweggenommen werden können, umso mehr kann die Mind-Map letzten Endes reduziert werden. In der Endfassung reichen oft schon die Schlüsselworte und farblichen Kodierungen aus, um sich an die zugehörigen Inhalte zu erinnern.

Eine Anmerkung zum Schluss

Eine multipel enkodierte Mind-Map ist keine allgemein gültige Handlungsanweisung. Sie ist nicht einfach kopierbar!

Sinn ergibt sie nur für den Erstellenden selbst, denn:

■ er hat sie sich gebaut
■ er weiß, was hinter den Symbolen steckt
■ er hat die Farben zugeordnet
■ das Wichtigste: Er hat ihr eine Struktur gegeben und gemäß seiner inneren Logik aufgebaut

Wüssten Sie beispielsweise, wie die drei Begriffe Teer, leer, Zoo und Jeep zusammenhängen? Deren Zusammenhang erklärte mir eine Zweitklässlerin einmal wie folgt: Der Jeep fährt auf der Straße aus Teer zum Zoo und der Tank ist leer. Für sie ergab es also Sinn, diese vier Begriffe zusammenzufassen.

Ein jeder sollte also stets seine eigene Mind-Map erstellen und dabei die einzelnen Elemente einer Thematik so für sich ordnen, dass sie eine Struktur ergeben! Das Endergebnis richtet sich also ganz nach der eigenen Logik und Kreativität. Wichtig ist nur, dass erklärt werden kann, wie und warum einzelne Begriffe und Inhalte so und nicht anders zu- bzw. angeordnet wurden.

Eine Mind-Map wird immer dann gut funktionieren, wenn sie der Nutzer selbst erstellt hat. Die eigene gedankliche Leistung beim Erstellen ebnet erst den Weg zum Verständnis und zur Erinnerungsfähigkeit.

AHA!

Verstehen und nichts vergessen

Lino, 7 Jahre (2. Klasse)

Lino besuchte die zweite Klasse einer Grundschule. Seine Rechtschreibleistungen waren gemessen an seinen sonstigen Leistungen schwach. So erklärte mir die Mutter, dass Lino immer wieder an spezielle Regeln erinnert werden müsse, zuvor Geübtes schnell wieder vergessen werde oder er schnell durcheinander komme und in der Folge Wörter falsch schreibe, die er schon richtig geschrieben habe. Generell würden ihm Deutschübungen überhaupt keinen Spaß machen. Doch nach Erlernen der speziellen Mind-Map-Methode hatte Lino schon bald Freude am Erarbeiten vorher unliebsamer Themen. So widmeten wir uns in einer Stunde dem Thema „ei oder ai?" und Lino gestaltete sich sein persönliches Merkblatt. Dabei stellte er fest, dass es gar nicht so schwer sei und er sich in der zweiten Klasse nur fünf Wörter merken müsse, die man mit ai schreibt. Auch fünf Wochen später hatte Lino noch alle Wörter parat und strahlte über das ganze Gesicht.

Cornelia, 12 Jahre (5. Klasse)

Sie macht vor, wie einfach rechnen sein kann: Sie hat sich für die Umrechnung von Längen- und Flächeneinheiten eine Mind-Map erstellt, um damit die Zehner- bzw. Hunderter-Schritte sichtbar und verständlich zu machen. Mit dieser Methode lassen sich komplexe Rechenaufgaben spielend meistern.

Wenzel, 16 Jahre (10. Klasse)

Um einen unbekannten Text schnell und trotzdem gründlich zu erfassen, hat sich Wenzel eine Mind-Map angelegt. So kann er auf das Gelesene immer wieder schnell zurückgreifen.

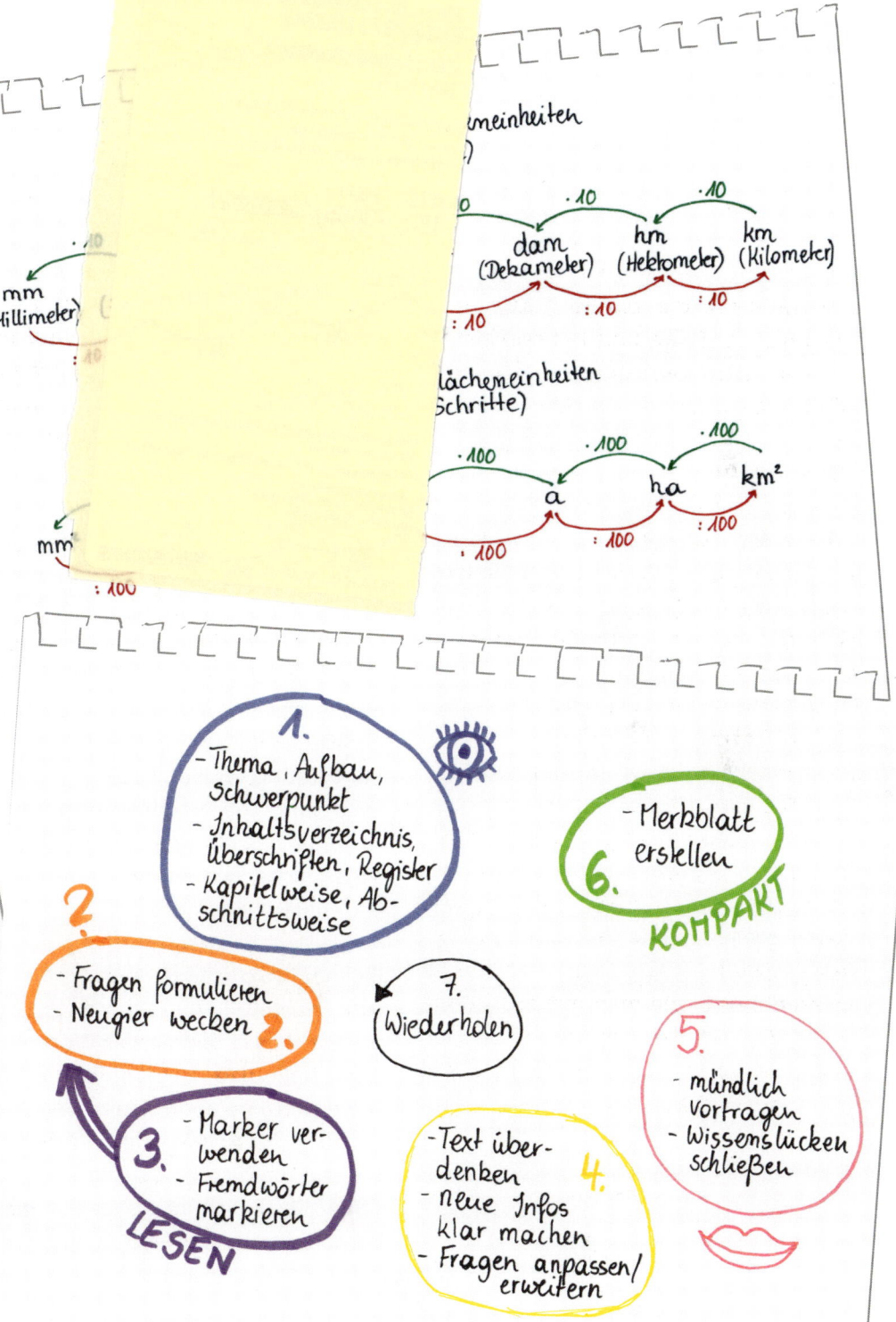

...meinheiten
...)

·10   ·10

dam
(Dekameter)

hm
(Hektometer)

km
(Kilometer)

: 10   : 10   : 10

mm
(Millimeter)

·10

: 10

...lächemeinheiten
...Schritte)

·100   ·100   ·100

a

ha

km²

· 100   : 100   : 100

mm

: 100

Mais

1.
- Thema, Aufbau, Schwerpunkt
- Inhaltsverzeichnis, Überschriften, Register
- Kapitelweise, Abschnittsweise

6.
- Merkblatt erstellen

KOMPAKT

2
- Fragen formulieren
- Neugier wecken **2.**

7.
Wiederholen

5.
- mündlich vortragen
- Wissenslücken schließen

3.
- Marker verwenden
- Fremdwörter markieren

LESEN

4.
- Text überdenken
- neue Infos klar machen
- Fragen anpassen/erweitern

Nachhaltig lernen

↑ *Wenn's zu viel wird: Die ganze Fülle des Lernstoffs lässt Schüler oft verzweifeln.*

„Sophie ist 17 Jahre alt und besucht die 11. Klasse eines Gymnasiums

Lernen hat ihr noch nie wirklich Freude bereitet. Ihrer Ansicht nach gibt es weit Wichtigeres als Schule. Hausaufgaben erledigt sie stets auf den letzten Drücker.
Für Klassenarbeiten versucht sie, das relevante Wissen kurz vor knapp auf einen Schlag auswendig zu lernen. Mal mit mehr, mal mit weniger gutem Erfolg. Dieser sei immer auch von ihrem Interesse am Lernstoff abhängig. Manche Dinge könne sie überhaupt nicht behalten, andere vergesse sie unmittelbar nach der Prüfung wieder. Sophies Mutter bat mich, ihrer Tochter eine geeignete Lernstrategie beizubringen. Wie viele andere Jugendliche war Sophie zunächst skeptisch und wenig motiviert…

Eigene Struktur finden
Also starteten wir ein kleines Experiment: Ich bat Sophie, 50 Wörter zu einem beliebigen Thema zu notieren. Diese sollte sie dann strukturieren. Da es ihr zunächst schwer fiel, eine geeignete Struktur für den Lernstoff zu finden, erinnerte sie sich im ersten Durchlauf innerhalb von zwei Minuten nur 20 der 50

Wörter, also gerade einmal 40 Prozent. Die Analyse ergab: Die Einteilung der Lernwörter erfolgte mehr oder weniger willkürlich, teilweise wenig durchdacht. Darüber hinaus hatte Sophie mancherorts zu viele Begriffe in einer Einheit zusammengefasst. Ich bat sie daher, ihre Struktur nochmals zu überdenken und ihr Merkblatt noch übersichtlicher zu gestalten. Auf eine zweite unmittelbare Überprüfung des Lernstoffes verzichteten wir.

Mehr merken können

Jedoch überprüfte ich ihr Wissen nach drei Wochen erneut und ohne Vorankündigung. Diesmal konnte Sophie innerhalb der zwei Minuten 42 (!) der 50 Wörter erinnern, was einer erstaunlichen Erinnerungsleistung von 84 Prozent entspricht. Sie war selbst überrascht, wie gut sie sich die Wörter mit der neuen Struktur behalten hatte, ohne ihr Merkblatt nochmals angeschaut zu haben. Prompt meinte sie, dass sie diese Lerntechnik in Zukunft auf alle Fälle für Geschichtsfakten anwenden wolle.

Denn: Erstens hatte sich der Aufwand der Strukturierung gelohnt und, was weit wichtiger war, ihr hatte die Aufberei-

tung des Lernstoffes Spaß bereitet. Um die Nachhaltigkeit der neuen Lernform noch mehr zu unterstreichen, ließ ich sie nach zwei Monaten (wieder ohne Vorankündigung) alle Wörter erneut memorieren. Dieses Mal konnte Sophie noch 56 Prozent der Wörter richtig erinnern und war sehr zufrieden mit ihrer Leistung.

↓ *Mit einfacher Technik lassen sich Infos im Kopf verknüpfen und werden so jederzeit abrufbar.*

Von Prüfungsstress und Prüfungsangst

Blackout: Die Panik lässt grüßen

P rüfungen kennt jeder. Sie gehören zu Schule, Ausbildung oder Beruf einfach dazu. Und damit auch schwitzige Hände, Herzklopfen, unruhige Nächte bis hin zum Prüfungs-Blackout oder gar zur Panikattacke. AVWF führt aus der emotionalen Sackgasse.

Angst vor der Angst

Diverse Untersuchungen zeigen, dass 20 Prozent und mehr der Schüler und Studenten hohe Leistungsängste aufweisen. Diese äußern sich in einer dauerhaft erhöhten mentalen, aber meist auch körperlichen Anspannung. Prüfungsängste können sich dabei wie andere Stresssymptome in verschiedenster Weise zeigen:

← *Horrorszenario Blackout: In der Prüfung ist das Gelernte einfach wie aus dem Kopf radiert.*

Der Körper schaltet auf Alarm

Auf physiologischer Ebene zeigen sich unterschiedliche Aktivierungs- und Stressreaktionen des Körpers in Form von: Herzklopfen, Schwitzen, erhöhter Atemfrequenz, Mundtrockenheit, hoher Alarmbereitschaft, erhöhtem Harn- und/oder Stuhldrang, Magenschmerzen, Übelkeit, Zittern, Schwächegefühlen, Veränderungen von Gesichtsfarbe oder Tonfall, Kopfschmerzen, Schwindel, sensorischen Wahrnehmungsstörungen, Ein- oder Durchschlafstörungen, Schlaflosigkeit, Sprachproblemen, kalten Händen und/oder Füßen, Muskelverspannungen…

Prüfungsängstliche tendieren dazu, eine Prüfung als heraufziehende Katastrophe zu empfinden und die eigenen Einflussmöglichkeiten zu unterschätzen. Darüber hinaus finden sich häufig grundsätzliche Zweifel an der eigenen Kompetenz bzw. Leistungsfähigkeit. Hinzu kommen Befürchtungen über mögliche Blockaden oder akutes Versagen („Jetzt ist es vorbei.").

Der Verstand fährt runter

Das „Herunterfahren" des rationalen Systems hat erschwerend Konzentrations- und/oder Gedächtnisprobleme sowie eine herabgesetzte Entscheidungsfähigkeit zur Folge.

Die Gefühle kreisen allein um die Angst
Im Ergebnis der genannten physiologi-
schen und kognitiven Symptome stellt
sich das zentrale Gefühl der Angst ein.
Weitere Begleitemotionen können Verzweiflung, Niedergeschlagenheit, Hilf-
und Hoffnungslosigkeit, Ärger, Gefühle
der Überforderung, Minderwertigkeits-
gefühle oder gar Aggressionen sein.

Auf Verhaltensebene finden wir sehr oft
Aufschiebe- und/oder Vermeidungsverhalten vor, das sich sowohl in unruhiger
Überaktivität genauso wie im Rückzug
in die Passivität, dem völligen Verlust der
Kontrolle, übertriebener Empfindlich-
keit oder gereiztem Verhalten ausdrü-
cken kann. Dies mündet oft einerseits
in ungünstige Lern- und Vorbereitungs-
strategien (z.B. exzessives Lernen, leichte
Ablenkbarkeit, „Vor-sich-her-schieben")
und Vermeidungsverhalten andererseits.

Meist geht es doch gut
Diese vier Ebenen bedingen und beeinflussen sich wechselseitig. Die beruhigende Nachricht: Der überwiegende Teil
der Menschen mit Prüfungsängsten ist
noch nie durch eine Prüfung gefallen!
Leider befreit aber auch ein wiederholt
gutes Abschneiden in Prüfungen nicht
zwangsläufig von Prüfungsängsten.

← *In Deckung: Wenn die Angst zu groß wird, ist
auf den Verstand kein Verlass mehr.*

Klaren Kopf behalten bei Stress

Eine gelungene Prüfungsvorbereitung ist hervorragend geeignet, die Prüfungsangst zu senken. Allerdings: Angst stört nicht erst in der Prüfung, sondern auch schon im Vorfeld beim Lernen. Für eine gute Prüfungsvorbereitung braucht man daher zweierlei:

1. eine angemessene Zeit- und Arbeitsorganisation und
2. gute Lernmethoden

Es ist nicht ausreichend, Inhalte passiv lesend in sich aufzunehmen. Wichtig ist ein aktiver Umgang mit dem Gelesenen (vgl. Kapitel Lerntechniken)! Einzelne Inhalte lassen sich besser behalten, wenn sie in eine regelhafte Beziehung zueinander gesetzt werden, also eine Struktur erkennbar ist. Merke: Wenn mir die Regel bekannt ist, hilft sie mir, die Einzelinhalte im Gedächtnis wieder zu finden.

Auch ein gutes Zeitmanagement erfordert nicht viel. Man benötigt lediglich eine Aufgabenliste, einen Kalender, einen Plan und die Bereitschaft, auch konsequent danach zu handeln.

Es ist die Aufgabe eines guten Zeitmanagements, an die Stelle schneller kurzfristiger Resultate das schrittweise Erreichen langfristiger Ziele zu rücken, zum Beispiel optimal auf die Prüfung vorbereitet zu sein.

Dabei ist es hilfreich, genau zu formulieren, WAS, WIE und bis WANN erreicht werden soll. Bei komplexen Themengebieten empfiehlt sich ein regelmäßiger Abgleich der To-do-Liste mit dem Kalender. Nichts ist schlimmer als ein Zeitplan,

AHA!

Ein gutes Zeitmanagement wirkt wie ein Druckventil. Bei Prüfungen kommt es darauf an, die Vorbereitung mit Hilfe des Kalenders so zu strukturieren, dass alle Ziele erreicht werden können. Dabei nicht am „Limit" planen. Sonst wird selbst eine läppische Erkältung zwischendurch zur „Katastrophe".

WICHTIGKEIT

WICHTIG, ABER
NICHT DRINGLICH

» EXAKT
TERMINIEREN
UND SELBST
ERLEDIGEN

WEDER WICHTIG
NOCH DRINGLICH

» NICHT
BEARBEITEN

WICHTIG UND
DRINGLICH

» SOFORT SELBST
ERLEDIGEN

NICHT WICHTIG,
ABER DRINGLICH

» DELEGIEREN

DRINGLICHKEIT

↑ *Das Eisenhower-Prinzip: Diese Priorisierungsmethode ist nach dem General und späteren US-Präsidenten (1953–1961) Dwight D. Eisenhower benannt, der diese Form der Aufgabengewichtung gelehrt haben soll.*

dem man hinterherrennt! Dazu lassen sich die zu erledigenden Aufgaben im sogenannten „Eisenhower"-Quadrat aufteilen. Durch die Einstufung nach sowohl Wichtigkeit als auch Dringlichkeit, kann die Entscheidung für oder wider eine Aufgabenbearbeitung leichter abgeschätzt werden.

Wichtiges von Unwichtigem trennen

Demnach sollten Aufgaben, die sowohl wichtig als auch dringlich sind, sofort erledigt werden. Weniger wichtige Dinge können in begrenztem Rahmen aufgeschoben und später bearbeitet werden. Allerdings sollten Fristen für deren Bearbeitung festgesetzt werden. Aufgaben, die dringlich, aber für die Zielerreichung nicht wichtig sind (z. B. den Einkauf erledigen oder einen gerade angelaufenen Kinofilm ansehen), können entsprechend an andere delegiert werden. Getrost vernachlässigen kann man Aufgaben, die weder wichtig noch dringlich sind.

Merke: Das Schwierigste überhaupt ist meistens das Anfangen und aktiv werden. Von nichts kommt aber bekanntlich nichts…

Schritte zum Ziel:
1. Anfangen/aktiv werden
Interesse und Initiative zeigen, von nichts kommt nichts!

↓ *Raus aus den Denkblockaden: Angst lässt sich überwinden und mit Hilfe von AVWF gezielt „abtrainieren".*

2. Am Ball bleiben!
Vertiefung, Durchhalten, Ausdauer und Routine.
3. Gut sein!
Solide Basis legen, nicht mit dem Kleinsten zufriedengeben, Herausforderung, eigenen Ansprüchen gerecht werden, Selbstkontrolle und Qualität.
4. Ergebnisse abliefern!
Zum Ende kommen, Termintreue und Resultate.

Angst-Beherrschungs-Strategien

Wichtig ist es, sich einen Überblick zu verschaffen über Lerninhalte, Aufgaben und mögliche Arbeitszeiten. Daraus sollten konkrete (realistische!) Ziele abgeleitet und in einem konkreten Arbeitsplan (inkl. Zeiten für Erholung) für die verbleibende Zeit festgehalten werden. Die Zeit für die Erstellung eines solchen Planes sollte in jedem Fall investiert werden, da man nur so einen Überblick über freie Lernzeiten erhält und keine bösen Überraschungen erlebt (beispielsweise weil man den Geburtstag der Oma vergessen hat). Dies vermittelt Sicherheit.

Darüber hinaus ist es wichtig, sein Arbeitsverhalten (hinsichtlich Motivation, Lernstrategien etc.) zu prüfen und Merkmale der Angst zu identifizieren. Nur wer weiß, wovor er sich fürchtet, kann entsprechend gegen seine Ängste angehen. Notfallstrategien im Umgang mit kritischen Situationen könnten sein:

Bei Motivationsproblemen:
- Jemanden beauftragen, der einen an den Beginn der Lerneinheit erinnert.
- Woanders lernen (z.B. in der Bibliothek).

Bei Angst vor der Prüfungssituation:
- Im Vorfeld der Prüfung Rollenspiele durchführen und so die „drohende" Situation vorhersehbar und einschätzbar zu machen.

Aktiv lesen! Einzelne Inhalte lassen sich besser behalten, wenn sie in eine regelhafte Beziehung zueinander gesetzt werden, also eine Struktur erkennbar ist. Deswegen gilt auch den Textmarker sparsam einzusetzen. Wenn alles markiert ist, sind sinngebende Heraushebungen nicht mehr zu erkennen.

AHA!

Alarmzeichen

Schreck lass nach: Prüfungsangst äußert sich in unterschiedlichsten negativen Gedanken. Diese wirken wie Bremsklötze. Das Lernen selbst und vor allem das Abrufen des Gelernten werden damit erschwert oder sogar unmöglich. Sogenannte „dysfunktionale Kognitionen" werden zur Furcht vor Versagen in der Prüfungssituation. Dabei kommen Negativ-Gedanken oftmals scheinbar harmlos daher: „Ich muss alles 100%ig wissen." „Wenn die Prüfung gut werden soll, muss ich ganz ruhig bleiben." Bedrohlich ist „Wenn ich einen Blackout bekomme, ist alles aus."

Schon in der Vorbereitung baut sich die Furcht vor Schwierigkeiten wie ein unüberwindbarer Berg auf: „Der Lernstoff ist viel zu viel und überhaupt nicht zu schaffen." „Ich kann einfach nicht stundenlang am Schreibtisch sitzen und lernen." „Ich kann mich nicht konzentrieren. Ich werde dasitzen und an alles Mögliche denken, aber nicht an das, was ich zu lernen habe." Dass vor diesem Gedankengebäude schon das Lernen zur Tortur wird, ist absehbar. Das gleiche gilt für die irrationale Furcht vor dem Prüfer: „Wenn der Prüfer merkt, dass ich bei einer Frage unsicher bin, wird er mit

Sicherheit nachbohren." „Der Prüfer hat mich bestimmt auf dem Kieker, weil ich im vorletzten Semester eine Hausarbeit zu spät abgegeben habe."

Wie soll's nur weitergehen?

Es sind aber auch tiefgehende existenzielle Sorgen, die eine Prüfung zu einem Alptraum werden lassen. „Wenn ich das nicht schaffe, wird nie etwas aus mir." „Alle werden mich für dumm oder faul halten, wenn ich durchfalle." „Meine Eltern werden ziemlich sauer sein und mir den Geldhahn zudrehen. Dann weiß ich nicht mehr, wie es weitergehen soll."

Aber auch ein gutes Bestehen ist für manch einen Grund zur Sorge: „Wenn ich in der Prüfung gut abschneide, werden alle von mir immer gute Leistungen erwarten." „Wenn ich diese Prüfung bestehe, muss ich in den Beruf. Dafür fühle ich mich überhaupt nicht bereit."

Als echte „Angstmacher" bei Katastrophengedanken erweisen sich für unser Bewusstsein diese Schlüsselwörter: „immer", „nie", „alle", „alles", „keiner", „nichts", „darf nicht" oder „muss". Sich bewusst von der Absolutheit solcher Begrifflichkeiten zu verabschieden, kann ein wichtiger Baustein des Erfolgs sein.

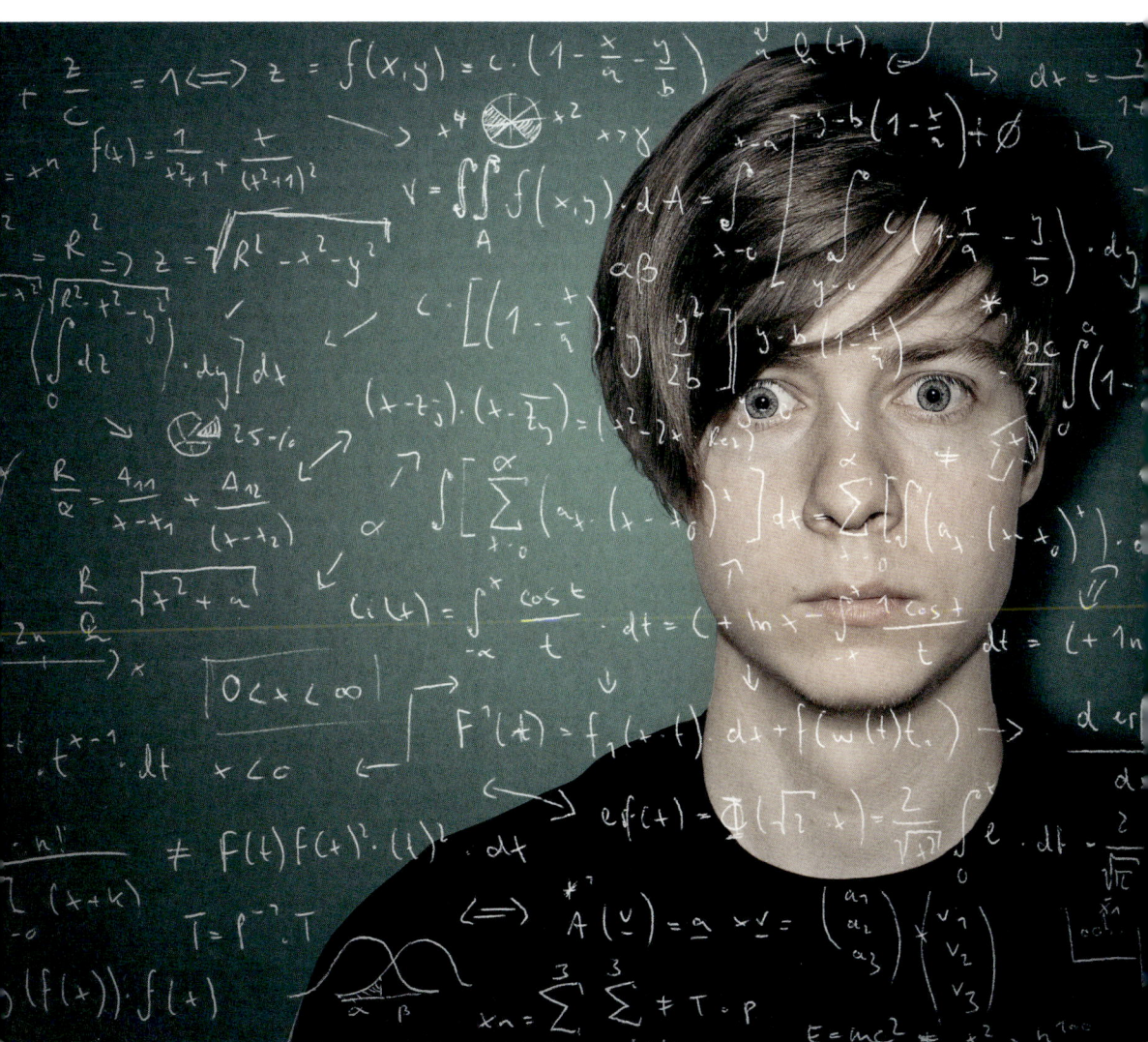

↑ *Kopf-Salat: Wenn die Panik Oberhand gewinnt, ist gelerntes Wissen kaum noch verfügbar.*

Was tun, wenn die Aufregung mal wieder zu groß sein sollte?

Eigene Einstellung kritisch prüfen

24 Stunden vor der Prüfung kein TV!

Im Rollenspiel üben

Vorbereitungs-Phase

ggf. Rituale einführen

Gute Prüfungsvorbereitung

Nicht bis zur letzten Minute pauken

Rechtzeitig vor Ort sein

Nicht durch andere verunsichern lassen

Belohnung verdient!

Entspannungs- übung einbauen

Zeit zum Nachdenken und Antworten nehmen

Prüfung ———— **Erholung**

Für Nervennahrung sorgen

Mit leichten Aufgaben beginnen

Einfach mal durchatmen

A tmung und körperliches Befinden hängen eng zusammen. Erinnern Sie sich einmal an eine Situation, in der Sie angespannt oder aufgeregt waren. Unter Stress und Anspannung beschleunigt sich durch den Einfluss des Sympathikus automatisch die Atmung. Sie wird insgesamt unregelmäßiger oder verkrampft gar. Viele Menschen neigen auch dazu, immer wieder kurz den Atem anzuhalten. Das Ausatmen wird erschwert, was wiederum für ein Spannungsgefühl in der Brust sorgt. Subjektiv können außerdem ein Zuschnüren der Kehle, eine Art Kloß im Hals, Schwindel, Benommenheit oder Erstickungsangst wahrgenommen werden.

Alles unter Kontrolle

In Stresssituationen kann es hilfreich sein, die Atmung unter Kontrolle zu halten, da man darüber Einfluss auf das autonome Nervensystem nehmen kann. Schnelleres Atmen führt zu einer Beschleunigung der Herzfrequenz, langsameres Atmen entsprechend zu einer Verminderung. Das Beruhigen des Organismus wird erleichtert, indem nach folgendem Schema geatmet wird:

Dabei sollte das Einatmen nach Möglichkeit über die Nase erfolgen, da ein Einatmen über den Mund zu einer übermäßige Brustatmung und dortigen Verspannungen führt. Auch das Ausatmen sollte über die Nase erfolgen. Bei extremer Angst bzw. Anspannung ist auch ein Ausatmen durch leicht geschlossene Lippen erlaubt.

Nach einigen Minuten bewusster Atmung stellt sich in der Regel eine

Entspannung ein. Da sich aus biologischer Sicht Angst und Entspannung ausschließen, kann so wunderbar Einfluss auf den inneren Erregungszustand genommen werden.

Im sicheren Raum

Darüber hinaus sollte man es natürlich gar nicht erst soweit kommen lassen. So hilft bereits eine gute Prüfungsvorbereitung, Prüfungsängste zu minimieren! Denn wir erinnern uns: Nur wer sich in einem sicheren Raum bewegt, kann sein Potential voll ausschöpfen.

→ *Pfeif doch auf die Angst! Richtiges Atmen hilft dabei.*

Abschalten! Immer mehr Kinder und Jugendliche verbringen ihre Freizeit vor Fernseher oder Computer. Die Folgen: Aufmerksamkeitsprobleme und zu wenig erholsamer Schlaf.
Daher: mindestens 24 Stunden vor einer Prüfung TV, Computer, Spielkonsole, Handy etc. meiden ...

AHA!

Reizverarbeitung

Die Biologie unseres Körpers spricht immer ihre eigene Sprache (auch wenn wir versuchen, uns selbst zu beruhigen). Daneben gibt es auch noch eine Reihe anderer Faktoren, die Prüfungsangst begünstigen, verstärken oder aufrechterhalten können, zum Beispiel:

■ Dysfunktionale Gedanken: „Das schaff ich nie!"
■ Hohes bzw. überhöhtes Anspruchsniveau bzgl. der eigenen Leistung
■ Tendenz zu negativer Selbstkritik
■ Angst vor dem Prüfer oder Lehrer
■ Stress mit Familie und Freunden
■ Starkes Konkurrenzdenken in der Klasse

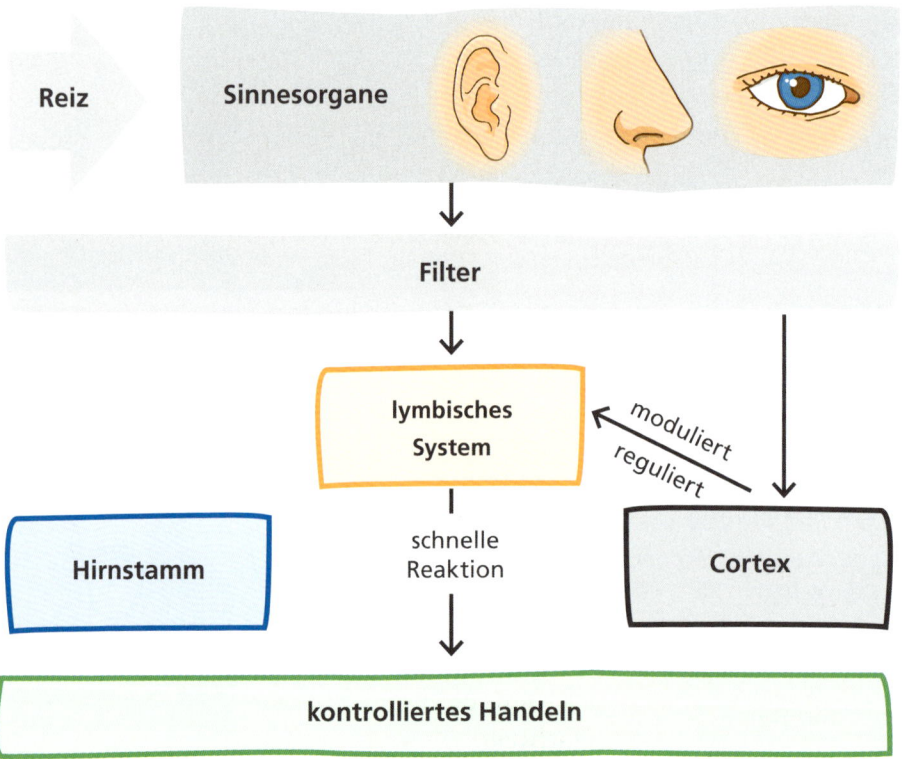

So soll es sein

Eine über die Sinnesorgane als sicher wahrgenommene Umgebung bedeutet schnelle Reizverarbeitung durch das Gehirn und das autonome Nervensystem. Das wirkt sich positiv auf das Lernvermögen und die Speicherkapazitäten aus.

So geht es in der Prüfung schief

Die Sinne signalisieren eine unsichere Umgebung. Ein defekter Filter führt das Gehirn und das autonome Nervensystem auf die falsche Fährte. Die Folge: eine gedämpfte Reizverarbeitung, das Abrufen des gelernten Prüfungsstoffs gelingt, wenn überhaupt, nur gegen Widerstand und sehr verlangsamt. Kontrolliertes Handeln ist damit fast ausgeschlossen.

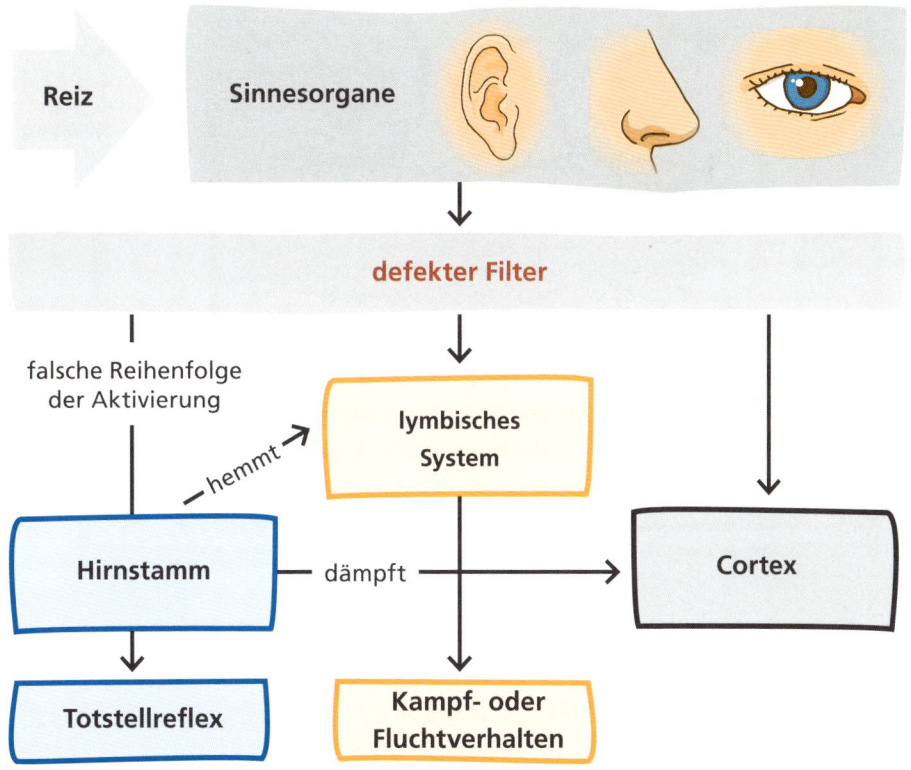

Raus aus der Stressfalle

Akkus laden für neue Power

Heute sind viele Kinder dauerhaft unaufmerksam, nicht ausgeglichen und unkonzentriert. AVWF wirkt diesen Überforderungen entgegen und stärkt die Handlungsfähigkeit der Kinder. Das Ergebnis sind ein entspanntes Miteinander und eine verbesserte Lern- und Leistungsfähigkeit.

ruhe

Zurück ins Gleichgewicht

D er Terminkalender platzt aus allen Nähten. Neben der Schule soll es noch Sport- und Musikunterricht sein, ein Malkurs steht ebenfalls auf dem Programm. Weil in der Schule die Noten immer schlechter werden, wird noch Nachhilfe in den ohnehin schon vollen Tagesablauf gequetscht. Wenn all das nicht genügt, muss eben am Abend noch zusätzlich geübt werden. Zeit zum Spielen wird immer rarer, wirkliches Ausruhen ohne Fernseher, Handy oder Spielkonsole ist in vielen Familien schon lange nicht mehr vorgesehen.

Manchen Kindern wird dies alles zu viel. Sie empfinden die permanente Beanspruchung als Dauerstress und reagieren mit Angstzuständen, Aggressivität, Schlafstörungen oder auch Lethargie. Der österreichisch-kanadische Mediziner Hans Selye, der als „Vater der Stressforschung" gilt, sieht im Stress „eine unspezifische Antwort des Organismus auf die Störung des (inneren) Gleichgewichts und als Versuch, dieses Gleichgewicht wiederherzustellen" (Birbaumer & Schmidt, 1999). Selye postuliert damit erstmals, dass verschiedene Stressoren auf biologischer Ebene bei allen Menschen dieselben drei Reaktionsstadien hervorrufen und unterscheidet:

← *Loslassen ist für viele Kinder und Jugendliche zu einer Kunst geworden, die sie immer weniger beherrschen.*

Alarmreaktion

In diesem Stadium nimmt der Organismus die Überstimulation/Belastung wahr. Dieser versucht der Organismus durch Mobilisierung aller Kräfte entgegen zu wirken. Der Alarmierungszustand geht mit der Aktivierung des Sympathikus einher.

Widerstandsstadium

In diesem Stadium versucht sich der Organismus durch dauerhafte Mobilisierung von Ressourcen der Belastung anzupassen. Sichtbar wird dies unter anderem in einem erhöhten Ruhepuls. Wird die Anpassungsfähigkeit überschritten oder kann der Organismus die benötigte Energie zur Bewältigung der Belastung nicht mehr bereitstellen, tritt das dritte Stadium ein:

Erschöpfungsstadium

In dieser Phase geht die Kapazität der Anpassungskräfte verloren. Es kann nicht mehr genügend Energie bereit- und die Stressbewältigung nicht mehr sichergestellt werden. Der Organismus ist überlastet. Die Erschöpfungsphase geht unter anderem mit einem stark erniedrigten Ruhepuls einher.

Diese Wirkungszusammenhänge sind heute immer öfter schon bei Kindern zu beobachten. Sie müssen ähnlich wie Spitzensportler ständig Höchstleistungen erbringen. Doch selbst im Sport kommt nach einer Phase großer Beanspruchung wieder eine Phase der Regeneration. Dieses Loslassen, die Seele baumeln lassen ist es, was Kindern heute fehlt. Ihre Akkus sind leer und können sich nicht mehr aufladen.

AHA!

Low-Level-Tests zeigen, dass Rauchpausen die Reizverarbeitung verlangsamen. Die Versuchsgruppen konnten sich nach dem „Entspannungszigarettchen" schwerer konzentrieren als nichtrauchende Vergleichsgruppen. Der Grund: Rauchen bedeutet Stress, weil dabei sowohl das Stresshormon Cortisol als auch das Hormon Dopamin ausgeschüttet werden. Die Stresssysteme werden damit stimuliert.

↑ *Immer nur Vollgas überhitzt den Motor: Regeneration führt zur inneren Balance – und am Ende zu besserer Leistung.*

Raus aus dem Dauerstress

Mit der AVWF-Methode wurde ein Weg gefunden, das autonome Nervensystem wieder in Balance zu bringen und damit auch das „soziale Kontaktsystem" von Kindern und Jugendlichen wieder zu aktivieren. Zunächst wird über eine umfassende Diagnostik der genaue Grad der Beeinträchtigung festgestellt. Als besonders hilfreich hat sich hier die Erfassung der Herzratenvariabilität (siehe auch Seite 269) erwiesen. Darüber hinaus kann ein Test der Low-Level-Funktionen hilfreich sein, um Defizite in der auditiven Wahrnehmungsverarbeitung aufzudecken.

Die ermittelten Befunde werden anschließend im gemeinsamen Gespräch erörtert und durch Verhaltensbeobachtungen ergänzt, sodass die Indikation für eine Behandlung ermittelt werden kann. Bei Erwachsenen mit geringer Herzratenvariabilität oder Defiziten in den Low-Level-Funktionen befindet sich das Nervensystem häufig in einem dauerhaft gestressten Zustand, da es die Vielzahl an einströmenden Informationen aus der Umwelt nicht richtig verarbeiten kann (= ineffiziente Verarbeitung von Reizen durch die Großhirnrinde). Dadurch können sich ganz unterschied-

liche Symptome ergeben, angefangen bei Konzentrations- oder Verständnisschwierigkeiten bis hin zu Schlafstörungen oder Problemen auf der Verhaltensebene (Gereiztheit etc.).

Selbstberuhigung erlernen

An die umfassende diagnostische Eingangsphase schließt sich in der Regel eine zehntägige Behandlung mit der AVWF-Methode an. Über Kopfhörer hören die Kinder täglich eine Stunde lang schallmodulierte Musik. Ob Rock, Pop oder Klassik ist dabei egal. Entscheidend jedoch sind die für das menschliche Gehör kaum wahrnehmbaren modulierten Schallwellen, die die Innenohrmuskeln und damit auch die zum Gehirn hinführenden parasympathischen Nervenfasern stimulieren.

↑ *AVWF stimuliert Kinder mit modulierten Schallwellen – ganz ohne Stress.*

Durch die zunehmende Frequenzmodulation wird im Bereich des Hirnstammes und hier insbesondere der ventralen Vaguskerne eine Stimulation erzeugt, die dazu führt, dass es den Patienten gelingt, ein Gefühl von Sicherheit und Selbstberuhigung zu erleben.

Schon nach wenigen Trainingseinheiten können die Kinder besser wichtige Geräusche wie zum Beispiel Sprache von sogenannten Störgeräuschen, zum Beispiel Umgebungslärm, unterscheiden. In der Schule konzentrieren sie sich wieder auf das Wesentliche, eine Fähigkeit, von der sie auch in ihrem gesamten späteren Erwachsenenleben noch profitieren werden. Die AVWF-Methode verhilft den Kindern damit, ihre Umwelt wieder mit Neugier und Ausgeglichenheit zu erkunden und auf längere Sicht zu einem guten Selbstbewusstsein, weit über die Schule hinaus.

Entspannt durch den Alltag

Eltern kommen oft mit großen Sorgen in die AVWF-Zentren. Die Kinder stehen unter Strom, aus den Anforderungen des Schulalltags sind längst dauerhafte Überforderungen geworden. Stress pur – und was noch schlimmer ist für die gesamte Familie: Stress ohne Ende. Vor diesem Hintergrund war Frau S.* mit ihrem Sohn Phillip zum Neurocoaching ins AVWF-Zentrum Hofheim gekommen. „Schon beim zweiten Nachtest sechs Wochen nach dem AVWF-Training haben wir auffallende Veränderungen im Verhalten unseres Sohnes festgestellt", sagt die Mutter. Sowohl bei den verbesserten Werten des Testes als auch in veränderten Verhaltensweisen sei dies zu sehen gewesen. „Phillip schläft viel besser ein, entspannt gut abends und kann gut abschalten. Es ist nur noch sehr selten, dass er abends noch mal aus dem Bett herauskommt. Seine Konzentration hat sich deutlich gebessert, er macht weniger Fehler in den Klassenarbeiten, was sich auch in den Noten widerspiegelt und er macht beim Abschreiben von Texten weniger Flüchtigkeitsfehler. Er wirkt insgesamt ruhiger und entspannter und wir sind sehr begeistert, AVWF durchgeführt zu haben."

Ein ganzes Bündel von Problemen

Kurze Aufmerksamkeitsspanne, Ablenkbarkeit, allgemeine Lernprobleme, schnelle Ermüdung, Konzentrationsschwäche, dazu jede Menge Lese- und Rechtschreibprobleme, kein Selbstvertrauen, schnelle Reizbarkeit, Fingernägelkauen, Schüchternheit: Mit einem ganzen Bündel von Problemen war Familie B.* mit ihrem Sohn in die AVWF-Behandlung gekommen. Das Ziel:

← *Überforderung ist Stress pur. AVWF öffnet Weg aus dieser Falle.*

Durch Audiovisuelle Wahrnehmungsförderung und aktive Regeneration bestehende Muster aufbrechen und den Teufelskreis der Überforderung durchbrechen. Das Ergebnis beschreibt Familie B. als eindeutig und überzeugend: „Bei unserem Sohn wendeten sich innerhalb relativ kurzer Zeit Aufmerksamkeit, Ablenkbarkeit, Konzentrationsschwäche und schnelle Ermüdung zum Besseren", berichteten die Eltern den Therapeuten. „Lernprobleme gibt es fast keine mehr, Rechtschreib- und Leseprobleme werden immer besser." In dem Maße, in dem sich die schulischen Leistungen verbesserten, nahmen auch die Streitigkeiten unter den Geschwistern ab, das Selbstvertrauen ist gestiegen, die Reizbarkeit gesunken. Auch mit dem Fingernägelkauen hat es ein Ende. „Unser Sohn hat jetzt mehr Zeit für seine Freunde und liebt es, mal ruhig in der Sonne zu liegen und zu genießen", freut sich die Mutter.

Ein explodierender Kochtopf

Ziemlich ratlos war auch die Mutter* eines neunjährigen Mädchens, als sie ins AVWF-Zentrum kam. „Der Schulalltag unserer Tochter wurde jeden Tag schwerer und ich merkte schon vor längerer Zeit, dass sie sehr schlecht und langsam las, das Gelesene nicht verstand und mit der Rechtschreibung große Probleme hatte", berichtet die Mutter. „Es kam sogar vor, dass sie ihren eigenen Namen noch immer falsch schrieb. Des Öfteren war ich schon in der Schule und erzählte von meinen Bedenken und Nöten; doch ich wurde nicht ernst genommen und es wurde immer gesagt, dass alles in Ordnung sei."

Es war aber nicht alles in Ordnung. Im Gegenteil. „In der 4. Klasse angekommen, kam unser Kind oft wie ein explodierender Kochtopf nach Hause, sie tobte und jammerte, heulte und stand total unter Strom. Für ihre Hausaufgaben brauchte sie drei Stunden, alle anderen 30 Minuten. Sie zog sich total zurück, wollte keine Freunde mehr treffen, war total lustlos und sie war immer in einem Stress", so die Mutter. Eine Legasthenietrainerin unterzog das Kind einem Test und stellte eine Lese- und Rechtschreibschwäche fest. „Per Zufall sah ich bei einem Arzt den Prospekt der AVWF-Methode. Das war das Beste, was uns passieren konnte."

Die Therapie habe dazu geführt, dass ihre Tochter heute sehr gut loslassen und in kurzer Zeit regenerieren könne. „Sie kann fließend lesen und versteht den Text. Bei Ansagen macht sie kaum noch Fehler, obwohl wir nicht üben. Unser Kind ist mittlerweile eines der wenigen Kinder, das sich in der Schule total konzentrieren kann. Sie trifft sich wieder mit Freundinnen und die Hausaufgaben sind in kürzester Zeit erledigt", freut sich die Mutter. Was ihr besonders wichtig ist: „Die Schule nimmt im Leben unserer Tochter nunmehr eine kleine Zeitspanne in Anspruch und wir haben wieder viel Zeit für Freizeit. Für unsere Familie ist alles sehr positiv geworden."

* Die Namen der Familien sind der Redaktion bekannt, deren Originalschreiben liegen vor.

↓ *Aktive Regeneration durchbricht den Teufelskreis der Überforderung – und fördert das Miteinander.*

11

Klüger durch klasse Kost

Du bist, was Du isst!

Gesunde Ernährung findet jeder gut. Und doch tun sich Eltern in Zeiten von Fast Food und Convenience-Produkten oft so schwer, ihre Kinder mit der für sie richtigen Kost zu versorgen. Auch die zielgerichtete Nährstoffversorgung des Gehirns und des Nervensystems kommen zu kurz.

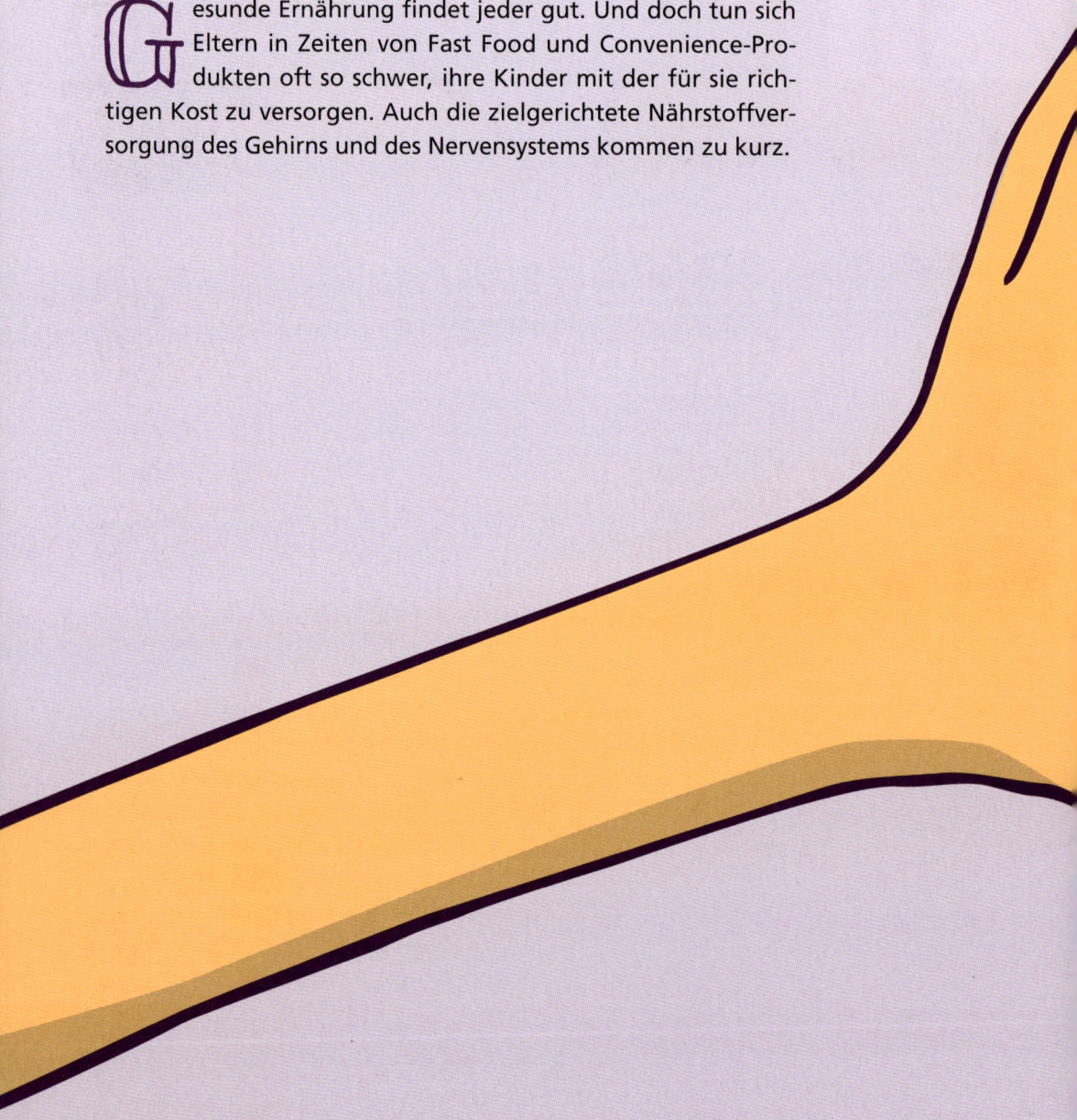

↑ *Fast Food ist der Renner bei den Kids. Aber nicht alles, was schmeckt, tut auch gut.*

Konzentrationskost für Kinder

Der perfekte Start in den Tag beginnt mit einem ausgewogenen Frühstück. Denn nur Kinder, die optimal versorgt sind, können sich in der Schule konzentrieren. Von entscheidender Bedeutung ist dabei ein stabiler Blutzuckerspiegel. Wer morgens einfache Kohlenhydrate in Form von Weißbrötchen, Brezel oder zuckerhaltigen Getränken zu sich nimmt, dessen Blutzuckerspiegel steigt sehr schnell an und aktiviert im Körper die Ausschüttung von Insulin. Dieses Hormon sorgt in Folge dafür, dass die Kohlenhydrate abgebaut werden und sich der Blutzuckerspiegel wieder normalisiert.

Der Nachteil an diesem von der Natur durchaus intelligent gesteuerten Regelmechanismus: Mit dem schnellen Absinken des Blutzuckerspiegels, wie er durch einfache oder auch „leere" Kohlenhydrate verursacht wird, sinkt gleichzeitig die Konzentrationsfähigkeit. Das Kind bekommt sehr schnell wieder Hunger und die Aufmerksamkeit im Unterricht lässt rapide nach. Wenn Schüler also das falsche Frühstück oder Vesper zu sich nehmen, kann dies zu einer erheblichen Minderung der schulischen Leistung führen.

Gut gemeint ist nicht gut gemacht

Eltern sollten daher sowohl beim Frühstück als auch beim Pausenbrot darauf achten, dass die Mahlzeiten den Blutzuckerspiegel nicht nach oben rasen lassen. Milch-Schokolade („viel Milch – wenig Kakao"), zuckerhaltige Cola- und Limo-Drinks, Bonbons, ja selbst das oft gepriesene Stück Traubenzucker mögen zwar aus Elternsicht gut gemeint sein, sind am Ende dann aber doch „Gift" für die Entwicklung der vollen schulischen Leistungsfähigkeit.

Wach oder schwach?
Das Zucker-Dilemma

Kohlenhydrate machen den größten Teil der Biomasse aus. Sie bestehen aus Kohlenstoff, Wasserstoff, Sauerstoff. Als Zucker und Stärken haben sie mit den Fetten und Proteinen den größten Anteil an unserer verwertbaren und nicht verwertbaren (Ballaststoffe) Nahrung.

Zucker ist süß, macht munter und bietet richtig dosiert ein angenehmes Geschmackserlebnis. Das ist die eine Seite. Auf der anderen steht: Zucker macht dick, träge und krank. Es gibt kaum ein Krankheitsbild, mit dem er nicht als einer der Hauptverdächtigen mit im Spiel wäre. Da lohnt es sich doch einmal genauer hinzuschauen:

Kohlenhydrate in Form von Zucker kommen als Mono-, Di- und Polysaccharide (u.a. Stärke) vor. Die Verbindungen sind sich ähnlich. Den größten Anteil in den Verbindungen bilden jeweils die Wasserstoffmoleküle.

Der Blutzuckerspiegel reagiert auf diese unterschiedlichen Zuckerverbindungen mit jeweils unterschiedlichen Kurvenverläufen. Ein jähes Ansteigen beantwortet der Körper mit erhöhter Leistungsbereitschaft, ein jähes Abfallen mit Ermüdung, nachlassender Konzentration und Leistungsabfall. Mit Heißhunger will der Körper dann entsprechenden Ausgleich herbeiführen.

← *Zucker ist nicht gleich Zucker. Die Molekülverbindungen entscheiden über die Verwertbarkeit.*

Zucker-Gruppen

Monosaccharide (Einfachzucker)

- Glucose (Traubenzucker)
- Fruktose (Fruchtzucker)

1

Disaccharide (Zweifachzucker)

- Saccharose (Rohrzucker und Rübenzucker, Industriezucker)
- Maltose (Malzzucker)

2

Trisaccharide (Dreifachzucker)

- Nicht raffinierte Süßstoffe (Blütenzucker, Honig, Stärkesirup)

3

Polysaccharide (Mehrfachzucker)

- Glykogen, Amylose, Cellulose (Kartoffelstärke und Getreidestärke)

4

Zucker: Die Mischung macht's

Der Kurvenverlauf zeigt, wie Einfachzucker, Zwei- und Dreifachzucker und Mehrfachzucker die Leistungsbereitschaft unterschiedlich prägen.

Diese Differenzierung macht zweierlei deutlich: Das Thema Kohlenhydrate und Zucker ist durchaus komplex. Den Zucker innerhalb unserer Nährstoffkette pauschal zu verteufeln, wäre zu kurz gesprungen. Und: Die richtige Mischung macht's! Gerade für Kinder in der Schule. In Honig und Blütenzucker verbinden sich idealtypisch günstige Zuckerverbindungen.

Wie entwickelt sich der Blutzuckerspiegel? Und geht es dabei nur um Zucker? Dazu müssen wir uns den Energie- und Kohlenhydratstoffwechsel etwas genauer anschauen. Die Aufnahme von Nahrungsmitteln und der Blutzuckerspiegel hängen unmittelbar zusammen. Eine Messgröße ist dabei der sogenannte Glykämische Index (GI) eines Nahrungsmittels. Er ergibt sich aus der Blutzuckerreaktion, die auf die Einnahme von 50 g Kohlenhydraten aus diesem Nahrungsmittel folgt. Dieser Wert wird in eine Beziehung gesetzt zur Blutzuckerreaktion auf 50 g Traubenzucker. Ein Beispiel:

Der Glykämische Index von gekochten Möhren liegt bei etwa 70 – wichtig für die Berechnung: Möhren haben eine geringe Kohlenhydratdichte. Um 50 g Kohlenhydrate aufzunehmen, müsste man rund 700 Gramm Möhren essen.

Bei Lebensmitteln mit einer hohen Kohlenhydratdichte reicht für den gleichen Glykämischen Index wie bei Möhren eine vergleichsweise deutlich geringere Menge aus. Zum Beispiel Baguette: 100 Gramm dieses Weißbrots liefern bereits 48 Gramm Kohlenhydrate, 104 Gramm reichen mit anderen Worten bereits aus, um dieselbe Menge an Kohlenhydraten aufzunehmen wie bei einem ganzen Topf voll Möhren.

Es lohnt sich also, nicht allein den Glykämischen Index in den Blick zu nehmen, sondern dabei zugleich die Kohlenhydrate-Dichte der Lebensmittel. Man spricht dann von der Glykämischen Last. Um beim Möhren-Weißbrot-Vergleich zu bleiben, ergibt sich daraus eine beeindruckende Erkenntnis: Der Blutzuckereffekt von 100 g Baguettebrot ist bei identischem Glykämischen Index mehr als sechseinhalbmal so groß wie der von 100 g gekochten Möhren.

Die Glykämische Last

Verlauf des Blutzuckerspiegels bei verschiedenen Lebensmitteln

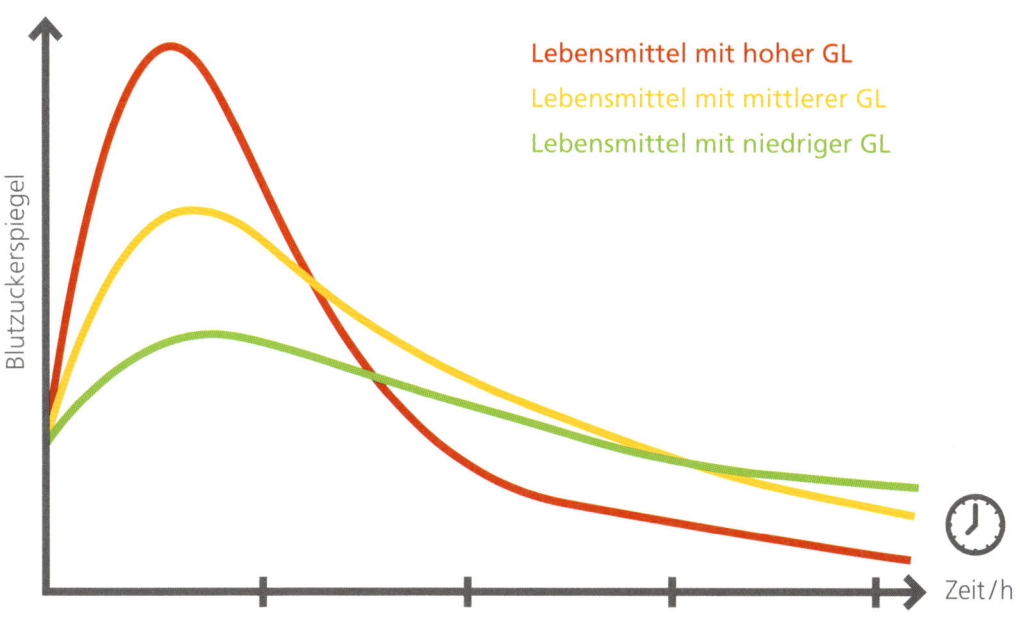

Lebensmittel mit hoher GL
Lebensmittel mit mittlerer GL
Lebensmittel mit niedriger GL

Blutzuckerspiegel

Zeit/h

☹	GL	☺	GL	☺	GL
Cerealien	56	Bananen	11,8	Äpfel	4
Cornflakes	72,3	Eiscreme	16,8	Bier	4,4
Croissant	31,5	Kartoffeln	10,4	Erdbeeren	1,3
Müsli	46	Ketchup	12,8	Joghurt	1,4
Nudeln	52,2	Linsen	12	Mayonnaise	6,6
Reis	55,3	Mais	14,3	Nüsse	1,5
Schokoriegel	35,5	Pizza	15	Schokolade 70%	6,9
Toast	42,5	Vollkornbrot	18	Tomaten	0,8

Das Power-Frühstück

Wichtig ist es, dass Kinder einen konstanten Blutzuckerspiegel haben und dieser eben nicht durch falsche Befeuerung in einer Art Achterbahnfahrt immer nur rapide steigt und wieder absinkt. Denn dann ist das leistungshinderliche Konzentrationsloch quasi vorprogrammiert. Eltern sollten daher schon morgens darauf achten, dass das Frühstück ihrer Schützlinge neben Kohlenhydraten auch ausreichend Eiweiß und gesunde Fettsäuren enthält. Wir bleiben so länger satt und können uns den ganzen Morgen besser konzentrieren.

↓ *Je ausgewogener das Frühstück, desto besser für die Konzentrations- und Leistungsfähigkeit.*

Beispiele für ein gutes Frühstück für mehr Leistung in der Schule
◼ Dinkelbrötchen mit etwas Quark (20% Fett) und Honig
◼ Dinkelbrötchen mit Käse, dazu ein bisschen Obst
◼ Quark (20%) mit etwas Obst und Nüssen
◼ Eiweißhaltiges Getränk, z. B. Neurocoaching-Drink mit Kakao, dazu ein Dinkelbrötchen
◼ Wenig Gerste-Haferflocken mit Milch (3,5%), Kakao und Banane
◼ Frühstücksei und ein Glas Milch (Vollfett) mit Kakao und wenig Honig

Für das Pausenbrot in der Schule oder Snack an einem Spiel- oder Trainingstag gilt die gleiche Blutzucker-Ausgleichsstrategie. Die Zwischenmahlzeit sollte daher nie nur eine Brezel oder ein Weißmehlbrötchen sein.

Ideen für einen guten Zwischen-Snack
◼ Nuss-Mischung mit Trockenfrüchten und dunklen Schokoladen-Stückchen
◼ Dinkelbrot mit Butter und Käse oder mit Ei
◼ Gestiftetes Gemüse mit einem Stück Käse

Auf mehrere Trümpfe setzen

O bst besteht hauptsächlich aus Kohlenhydraten in Form von Fruktose, einem Einfachzucker, der – wie gesehen – die ungünstigen kurzfristigen, extremen Ausschläge der Blutzuckerkurve mit sich bringt. Wenn man also Obst isst, steigt der Blutzuckerspiegel sprunghaft an, ähnlich wie auch bei zuckerhaltigen Getränken. Allerdings fällt schon nach kurzer Zeit der Blutzuckerspiegel unter das Eingangsniveau, der Schüler kann sich noch schlechter konzentrieren als vorher. Obst sollte daher nicht der alleinige Energielieferant sein. Stattdessen sollten wir unterschiedliche Kohlenhydrate essen wie:

↓ *Obst sollte nicht der alleinige Energielieferant als Pausensnack sein.*

- Monosaccharide „Einfachzucker" (Fruktose, Galaktose, Glucose usw.)
- Disaccharide „Zweifachzucker" (Rohrzucker und Rübenzucker, Industriezucker)
- Trisaccharide „Dreifachzucker" (Manna, Blütenzucker, Honig, Stärkesirup)
- Polysaccharide „Mehrfachzucker" (Kartoffelstärke und Getreidestärke)

Obstsäfte und zuckerhaltige Getränke sind tabu in der Schule

Noch ungünstiger auf die Konzentrationsfähigkeit wirken sich Obstsäfte oder andere zuckerhaltigen Getränke, wie Cola oder Limonade, aus. Denn diese lassen nicht nur den Blutzuckerspiegel nach oben rasen, sondern belasten durch den hohen Gehalt an Fruchtzucker zudem auch noch die Leber.

Oft ist es auch so, dass Kinder den Fruchtsaft oder das gesüßte Getränk nicht auf einmal, sondern über einen längeren Zeitraum schluckweise trinken. Dies bedeutet, dass der Körper die gesamte Zeit einen sehr hohen Blutzuckerspiegel hat, was den Körper zusätzlich stresst.

← *Ungesüßte Getränke werden Körper und Geist nicht zur Last.*

→ *Qualitativ hochwertige Eier sind ein wesentlicher Baustein für eine gesunde Ernährung.*

AHA!

Eine bessere Alternative zu Obstsäften und zuckerhaltigen Getränken sind ungesüßte Tees oder ein Tee, der mit der natürlichen Pflanze Stevia gesüßt ist. Wer das nicht mag, kann auch mit dem höherwertigen Honig süßen.
Übrigens: Das Geschmacksempfinden ist lernfähig. Angenehme Süße lässt sich auch mit wenig, aber dafür höherwertigem Zucker erfahren.

Serotonin für mehr Gelassenheit

Für Kinder ist neben der Konzentrationsfähigkeit entscheidend wichtig, dass sie sich nicht gestresst fühlen und ein destruktiv aggressives Verhalten zeigen. Ein gelassenes Verhalten lässt sich über die Ernährung stärken. Wichtig ist hier eine optimale Produktion des Hormons Serotonin. Leider zeigen immer mehr Kinder eine erhöhte Aggressivität in der Schule, und das schon im Grundschulalter. Aggressive Kinder bilden oftmals zu wenig Serotonin. Serotonin ist ein „Glückshormon". Es macht zufrieden, ruhiger und reduziert gleichzeitig aggressives Verhalten.

Serotonin ist ein Hormon, das alle Gehirnfunktionen steuert oder beeinflusst. Dazu gehören unter anderem Schlaf, Körpertemperatur, Wahrnehmung und Appetit. Darüber hinaus beeinflusst Serotonin auch die Ausschüttung von weiteren Hormonen. Da die Halbwertszeit von Serotonin bei etwa zwei Stundenliegt, wäre eine ständige Serotonin-Bildung vorteilhaft. Hierbei nehmen die Aminosäure Tryptophan und das Hormon Insulin eine Schlüsselrolle ein.

Schlauer essen

Tryptophan ist eine essentielle Aminosäure (Eiweißbaustein), die vom Körper zu Serotonin umgebildet wird, die er aber nicht selber herstellen kann. Daher müssen wir sie über die Nahrung aufnehmen. Besonders tryptophanhaltig sind Kakao, Cashew-Nüsse und Eier.

Nahrungs-mittel	Tryptophan in mg/100 g
Ei	810 mg
Cashew-Nüsse	450 mg
Kakao (wiki)	290 mg
Rohmilch-Käse	300–400 mg
Milch	49 mg

← Schokolade mit hohem Kakaogehalt und Nüsse sind „Gehirnnahrung".

AHA!

Schüler sollten morgens immer ausreichend tryptophan-haltige Lebensmittel zu sich nehmen. In die Pausenbox gehört idealerweise immer ein Portion Cashew-Kerne, auf Pausenbrote immer auch Ei und Rohmilch-Käse sowie ein Stück dunkle Schokolade.

Der Kakao-Weg

↑ *Ja zum Kakao – besser bekommt er in der Schulpause ohne Zucker.*

Damit der Körper Serotonin bilden kann, benötigt er neben Tryptophan auch eine ausreichende Menge an Insulin. Insulin wird vom Körper produziert, wenn wir Kohlenhydrate essen oder auch wenn wir verzweigtkettigte Aminosäuren zu uns nehmen. Da Kinder in der Schule wenig einfache Kohlenhydrate (z. B. zuckerhaltige Getränke) zu sich nehmen sollten, ist eine Stimulation der Insulinausschüttung durch die verzweigtkettigen Aminosäuren die bessere Wahl. Quark oder Milch bieten diese, eine Kombination für die Pause wäre ein Kakao-Getränk mit Milch, aber ohne Zucker.

Hormone in Balance

Neben Serotonin gibt es natürlich noch viele andere Hormone im Körper, die unsere Leistungsfähigkeit beeinflussen. Hier geht es besonders um die Ausschüttung von Dopamin, aber auch um die generelle Balance der Hormone.

233

Dopamin – das Gute-Laune-Hormon

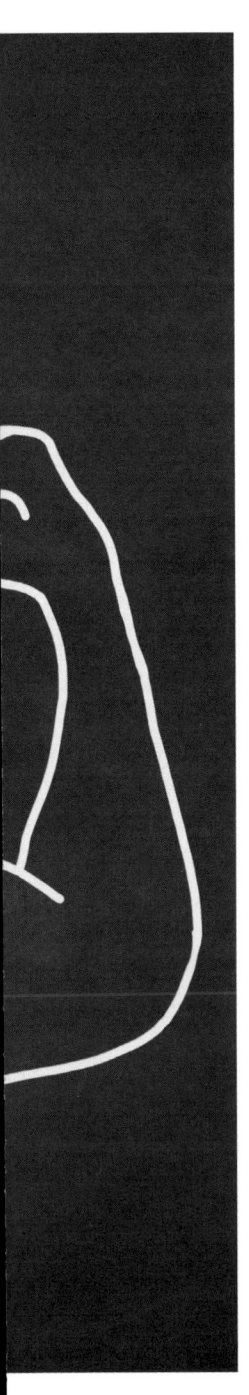

Dopamin ist ein Botenstoff, der gleich mehrere Funktionen in unserem Gehirn übernimmt. Dopamin kann sowohl unsere Laune, unsere Aufmerksamkeit und unseren Schlaf beeinflussen. Das Gute-Laune-Hormon kann sogar unsere Wahrnehmung positiv verändern. Haben wir genügend Dopamin im Gehirn, kommt uns alles leichter vor. Ein „I-can-do-it"-Gefühl ist die Folge. Wir haben mehr Antrieb, Freude und Begeisterung für die Dinge, die wir tun. Um die Dopaminausschüttung zu erhöhen, ist es wichtig, dass man die Aminosäure Tyrosin zu sich nimmt. Diese Aminosäure sorgt dafür, dass wir mehr Dopamin bilden können. Da die Aminosäure Phenyl-Alanin vom Körper in Thyrosin umgebaut wird, ist auch sie wichtig für unseren Dopaminspiegel. Die Aminosäure Phenyl-Alanin ist vor allem in Nüssen, Fisch, Fleisch und Eiern enthalten.

Schokolade oder besser gesagt der Rohstoff Kakao hat ebenfalls die Fähigkeit, unseren Dopamin-Level im Gehirn zu erhöhen. Kakao enthält den Inhaltsstoff Salsolinol, der in der Lage ist, unseren Dopamin-Level zu kontrollieren. Konsumieren wir Salsolinol in großen Konzentrationen, steigt unser Dopamin-Level an. Rhodiola, auch bekannt als Rosenwurz, ist ebenfalls eine Pflanze, die einen positiven Effekt auf die Konzentration an Dopamin im Gehirn hat. Diese Pflanze erhöht jedoch nicht den Dopaminspiegel, sondern sorgt dafür, dass das erzeugte Dopamin im Gehirn länger wirkt. Leider hat Rhodiola einen leicht bitteren Geschmack und ist nicht ganz so köstlich wie die Schokolade.

← *Ich mach' das schon: Botenstoffe im Gehirn stärken das Selbstbewusstsein.*

Auf Zink und Magnesium bauen

Unter dem Begriff hormonelle Regeneration versteht man die Balance der Hormone im Körper. Wichtig ist dazu eine gute Versorgung an Magnesium und Zink. Magnesium spielt im Körper bei über 300 Stoffwechselvorgängen eine Rolle, und auch Zink ist für knapp 200 Stoff-

wechselvorgänge unerlässlich. Ein Mangel an diesen Mineralien würde dazu führen, dass der Körper nicht mehr im Gleichgewicht ist, was wiederum zu Konzentrationsschwächen und anderen Problemen führen kann. Schüler sollten daher immer gut mit Magnesium und Zink in der Ernährung versorgt sein.

Magnesiumreiche Lebensmittel	Magnesium in mg/100 g
Hirse	687 mg
Sonnenblumen-Samen	420 mg
Kakaopulver	414 mg
Sesam	347 mg
Mohn	333 mg
Amaranth	308 mg
Quinoa	275 mg
Cashew	267 mg

Zinkreiche Lebensmittel	Zink in mg/100 g
Kakao-Pulver	8,9 mg
Kalbsleber	8,4 mg
Mohn	8,1 mg
Bierhefe	8,0 mg
Sonnenblumen-Samen	5,7 mg
Rindfleisch	5,7 mg
Leinsamen	5,5 mg

Hochprozentige Schokolade – das Beste aus der (Kakao-)Bohne

→ Alles drin: AVWF-Schokolade nach neuesten wissenschaftlichen Erkenntnissen.

Bei der „Pausen-Schokolade" ist es allerdings sehr wichtig, dass diese einen möglichst hohen Kakaoanteil enthält. Milchschokoladen bestehen vor allem aus Zucker, was wiederum eine negative Auswirkung auf die Konzentrationsfähigkeit mit sich bringt.

Die eigens entwickelte AVWF-Schokolade ist mit Trypto-phan angereichert. Darin befindet sich dreimal so viel von dem für die Serotonin-Bildung notwendigen Eiweiß-baustein wie in einer 90-prozentigen Bitterschokolade.

AHA!

Starke Gehirnstrukturen

Die Entwicklung des Gehirns hängt mit davon ab, ob ihm ausreichend Cholin zur Verfügung steht. Cholin ist ein sogenanntes Phospholipid und ein wichtiger Bestandteil unserer gesamten Membranen. Es befindet sich in großen Konzentrationen im Gehirn. In Studien konnte gezeigt werden, dass eine erhöhte Einnahme von Cholin in der Schwangerschaft den Gehirnaufbau eines Kindes noch weit bis ins Erwachsenenalter positiv verändern kann. Ein regelmäßiger Konsum von Cholin ist damit nicht nur für die Entwicklung des Gehirns sehr wichtig, sondern auch, dass Nervenzellen miteinander kommunizieren können. Hierfür werden sogenannte Botenstoffe benötigt. Ein wichtiger Botenstoff ist Acetylcholin, der wiederum aus Cholin hergestellt wird. Je mehr Cholin sich in unserem Körper oder Gehirn befindet, desto mehr kann die Kommunikation zwischen den Nervenzellen verbessert werden. Informationen können dadurch schneller verarbeitet werden.

Besonders reich an Cholin sind Lebensmittel wie Eigelb oder Rinderleber. Täglich ein Ei fördert die Konzentration in Schule und Sport. Zudem verbessert Cholin den Fettstoffwechsel.

Ei ist nicht gleich Ei! Eier von Masttieren enthalten oft deutlich weniger Cholin und Omega-3-Fettsäuren als Eier von Hühnern, die sich frei bewegen durften und nicht nur mit Körnern gemästet wurden. Am besten, Sie beziehen Eier von lokalen Bauern.

AHA!

Mehr PS fürs Gehirn

P hosphatidyl-Serin (PS) gehört ebenfalls zur Gruppe der Phospholipide und kommt hauptsächlich im Gehirn, aber auch in der Muskulatur vor. PS befindet sich hauptsächlich in der inneren Schicht der Zellmembran, ist zuständig für viele Stoffwechselprozesse im Gehirn und spielt so ebenfalls eine wichtige Rolle in der Zellkommunikation. Die moderne Ernährung umfasst anders als früher leider nicht mehr so viele Nahrungsmittel mit hoher PS-Konzentration. Wie Forschungen ergeben haben, hat sich in den letzten Jahren unsere tägliche Aufnahme von zirka 250 auf knappe 100 Milligramm reduziert. (Auch dies kann ein Mitgrund für die steigende Alzheimer-Erkrankungsrate sein.)

↑ *Geistesleistung will gehegt und gepflegt werden.*

Mit Hering und Makrele

Besonders gute PS-Quellen sind Makrele und Hering sowie Innereien (Leber, Niere). Innereien sind nicht jedermanns Sache. Wer sie mag, sollte auf Bio-Produkte zugreifen, um sich vor zu hohen Schadstoffkonzentrationen zu schützen. Insgesamt sollten zu einer konzentrationsfördernden Ernährung einmal in der Woche Hering oder Makrele gehören. Wem auch das nicht schmeckt, der kann auch öfter zur AVWF-Schokolade mit Cholin greifen.

Phosphatidyl-Serin ist einerseits wichtig für eine optimale Gehirnleistung, andererseits verringert es auch die Bildung von Stresshormonen wie Cortisol. Wer regelmäßig serinreiche Lebensmittel zu sich nimmt, fühlt sich nachweislich weniger gestresst.

Wie Omega-3-Fettsäuren unsere Gehirnstrukturen verbessern

Man weiß heute auch, dass neben Cholin und Serin auch eine erhöhte Aufnahme an Omega-3-Fettsäuren die Gehirnstrukturen unterstützt, und dass man sich damit Dinge besser merken kann. Entscheidend ist, dass die Omega-3-Fettsäuren regelmäßig eingenommen werden, da diese in die Zellwände eingebaut werden. Besonders wichtig für die Gehirnstrukturen ist die Omega-3-Fettsäure DHA. Diese ist vor allem in Fisch vorhanden. Fisch ist nicht gleich Fisch: So enthält Seefisch sehr wenig Omega-3-Fettsäuren. Meeresfische wie Lachs, Hering oder Makrele sind hier im Vorteil. Dabei sollte aber darauf geachtet werden, dass die Fische nicht mit Schwermetallen belastet sind. Große Fische wie beispiels-weise Thunfisch können stärker belastet sein, kleine Fische wie Hering und Makrele hingegen in der Regel weniger. Gute Omega-3-Fettsäuren-Lieferanten sind aber auch Walnüsse und Speiseleinöl.

AHA!

Achten Sie darauf, dass ihr Kind mindestens zweimal pro Woche Fisch oder alternativ Hülsenfrüchte verzehrt. Lebertran galt früher als echter Kinderschreck und war deswegen lange aus den Apothekenregalen verschwunden. Jetzt erlebt er eine Renaissance. Zu Recht. Das Fischöl ist reich an Omega-3-Fettsäuren, Jod, Phosphor, Vitamin E, Vitamin A und Vitamin D. Wenige Tropfen im Essen genügen.

Power-Nahrung fürs Gehirn

Eiweiß

Wild · Hering
Rind · Magerquark
Lamm · Hülsenfrüchte
Nüsse · Mandelmehl
· 3–5 Eier pro Woche

Kohlenhydrate

Honig · Obst
Dinkel · Gemüse
Hafer · Rote Bete
Gerste
Kartoffeln

Fette

aktivierende Fettsäuren:
Leinöl · Olivenöl · Fisch
Walnussöl · Rapsöl · (Makrele,
Kokosöl · Hering)
Hanföl

Getränke

3 l Flüssigkeit pro Tag
4 bis 5 Tassen Kaffee · ½ l Milch
(mit Koffein) · Getränke
3 bis 4 Tassen · ohne Kalorien
Grüner Tee

Gewürze

Pfeffer · Schnittlauch · Salbei
Zimt · Petersilie
Ingwer · Basilikum
Kurkuma · Oregano
Chili · Rosmarin

AVWF wirkt – wissenschaftliche Erklärung

Mehr als die Summe der Teile

Ulrich Conrady hat die Audiovisuelle Wahrnehmungs-förderung über viele Jahre auf der Grundlage wissen-schaftlicher Forschungen und zahlreichen Experimenten entwickelt. Biologen, Neurowissenschaftler, Stressmediziner und Psychologen begleiten AVWF von Anfang an mit Studien und umfangreichen Testreihen.

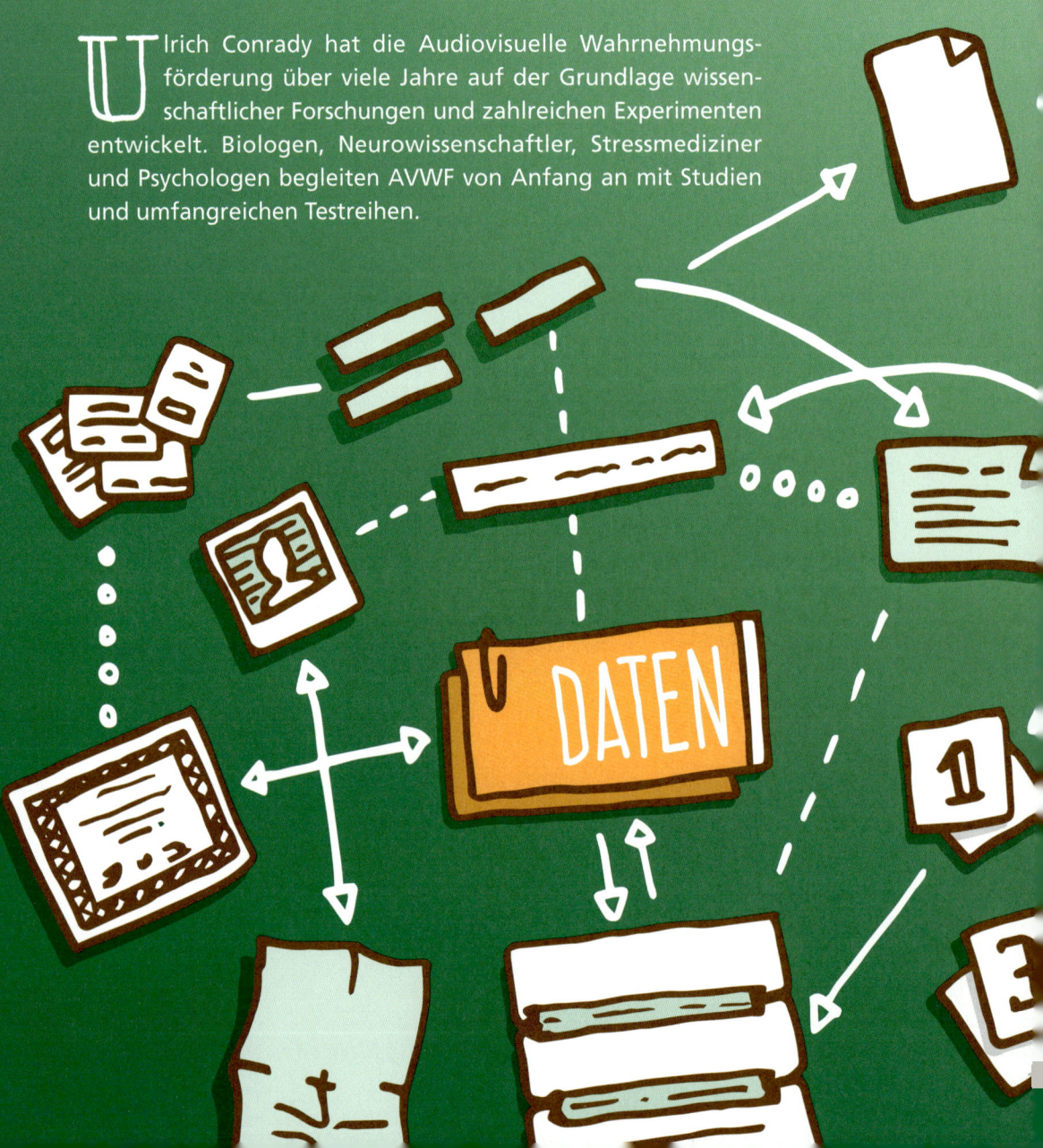

Unser Gehirn – Schaltzentrale und Kommandozentrum des Lebens

Um die Wirkungsweise von AVWF besser verstehen zu können, bedarf es eines kurzen Exkurses in die menschliche Entwicklung und in die Struktur und Funktion des autonomen (vegetativen) und zentralen Nervensystems.

Unser Gehirn hat sich über Millionen von Jahren entwickelt und immer weiter ausdifferenziert. Hilfreich zum Verständnis ist das Bild von einem „Gehirn-Gebäude" mit verschiedenen Etagen und unterschiedlichen Aufgaben. Der US-amerikanische Hirnforscher Paul D. Mac Lean (1990) schreibt, dass unser Gehirn im Zuge der Evolution verschiedene Regulationsebenen geformt habe und sich stufenförmig entwickelt habe.

Im Zuge der menschlichen Embryonalentwicklung wiederholt sich innerhalb kürzester Zeit die Entwicklungsgeschichte des Gehirns über Millionen Jahre. Aus der Entwicklungsbiologie und Embryologie wissen wir, dass ein Embryo in der 4. Embryonalwoche sogenannte „Kiemenbögen" differenziert, die eine Übergangsstufe darstellen bis zur Ausdifferenzierung verschiedener Muskeln, Organe und anderer körperlicher Strukturen. Den Kiemenbögen entstammen 5 von insgesamt 12 Hirnnerven, die miteinander verbunden sind und wesentliche Bedeutung für die Funktionsfähigkeit der menschlichen Stressregulationssysteme und die Wirkungsweise von AVWF haben. Sie sollen im Folgenden kurz vorgestellt werden:

Der 1. Kiemenbogennerv entwickelt sich zum Trigeminusnerv (5. Hirnnerv). Dieser Nerv ist zuständig für das Fühlen im gesamten Gesichtsbereich und für die Funktion des kleinen Muskels, der das Trommelfell spannt (m.tensor tympani).

Aus dem 2. Kiemenbogennerv entwickelt sich der Facialisnerv (7. Hirnnerv), der die gesamte Gesichtsmuskulatur steuert, insofern auch unseren Gesichtsausdruck und Mimik. Darüber hinaus versorgt der Facialisnerv im Innenohr den kleinen Stapediusmuskel, der gemeinsam mit dem Trommelfellspanner eine bedeutende Filterfunktion für eingehenden Schall hat und bestimmte Frequenzen entweder filtert oder verstärkt.

Aus dem 3. Kiemenbogennerv entwickelt sich der Nervus glossopharyngeus, der die Muskeln steuert, die für die Stimmung und die Sprache notwendig sind. Dies macht er übrigens gemeinsam mit Ästen des Vagusnervs.

Aus dem 4. Kiemenbogennerv schließlich entwickelt sich der Vagusnerv, der – wie sein Name „der Umherschweifende" schon ausdrückt – sich in unserem gesamten Körper ausbreitet und ganz wesentlich das Brems- und Erholungssystem des menschlichen Körpers steuert.

Schließlich entsteht aus dem 5. Kiemenbogennerv der Accessoriusnerv, dessen Funktion in der Steuerung des Muskels besteht, der für die Kopfwendung zuständig ist. Wenn Menschen ein Geräusch vernehmen, wenden sie automatisch durch Kopfwendung ihre Ohrmuschel der Richtung zu, aus der das Geräusch kommt.

Aufgrund ihres gemeinsamen Ursprungs aus den Kiemenbögen sind diese Nerven beim Menschen miteinander vernetzt. Sie finden sich mit ihrem Ursprung (Kerngebieten) im Erdgeschoss des menschlichen Gehirns, dem Hirnstamm.

Auch das autonome (vegetative) Nervensystem hat sich stufenweise entwickelt. Die Nervenfasern des autonomen Nervensystems (ANS) ziehen gemeinsam mit den Fasern der Kiemenbogennerven durch den ganzen Körper. Sie steuern über Rückkopplungsschleifen alle lebenswichtigen Körperfunktionen wie u.a. Atmung und Herzschlag, regulieren die Herzschlagsvariabilität und stellen sicher, dass eine optimale Anpassung des Menschen an unterschiedliche äußere Bedingungen möglich ist. Dies ist gemeint, wenn von der „Funktionsfähigkeit der Stressregulationssysteme" gesprochen wird.

Der US-amerikanische Psychologe und Hirnforscher Steven Porges hat auf der Grundlage dieses Wissens und nach jahrelangen Forschungen seine „polyvagale Theorie" (1995 /2001) formuliert. Er geht dabei von einer Zweiteilung des Vagusnervs im Hirnstamm aus. Dabei unterscheidet er Vaguskerne, die mehr hinten im Hirnstamm gelegen sind (dorsale Vaguskerne) und für Notfallreaktionen verantwortlich sind, von den Vaguskernen, die mehr vorne im Hirnstamm gelegen sind (ventrale Kerne). Die ventralen Vaguskerne sind mit den anderen Kiemenbogennerven vernetzt, sodass in Zusammenarbeit dieser Nerven Menschen in der Lage sind, über Mimik und Gestik, Stimme und Stimmmelodie (Prosodie) sowie Berührung in Kontakt mit Anderen zu treten und sich dadurch selbst zu beruhigen („connect-and-calm").

Die Funktionsweise der einzelnen Stress-regulationssysteme wird im weiteren Verlaufe noch eingehend beschrieben werden; nur so viel an dieser Stelle: Das am höchsten entwickelte Stress-regulationssystem gibt es in dieser Form nur beim Menschen. Kommt es jedoch aufgrund von chronischem Stress (z.B. ständige Reizüberflutung oder permanentes Gefühl der Überforderung) zu einer Überlastung dieses Systems, wird auf die entwicklungsgeschichtlich älteren Systeme „heruntergeschaltet". Im Extremfall kann dies bedeuten, dass Menschen bei Umschaltung auf das einfachste und älteste Stressregulationssystem, den „Totstellreflex", völlig gelähmt sind und nicht mehr handlungsfähig – wie z.B. bei einer durch Schreck verursachten Ohnmacht.

Das zentrale Nervensystem
Unser Gehirn wird zusammen mit dem Rückenmark als „zentrales Nervensystem" (ZNS) bezeichnet. Es wird unterschieden vom „peripheren Nervensystem" (PNS), das aus Nervengewebe außerhalb des ZNS besteht. Es sind dies alle Nerven, die zu Muskeln, unseren Sinnesorganen, zu den Eingeweiden und zu den Drüsen ziehen. Das periphere Nervensystem wird noch einmal unterschieden in das willkürliche Nervensystem (das sind die Nerven, durch deren Aktivierung wir willkürlich etwas bewirken können, z.B. Bewegung) und das schon vorgestellte vegetative (oder autonome) Nervensystem (ANS). Zum peripheren Nervensystem gehören auch die Nerven, die im Gehirn ihren Ursprung haben, paarig angelegt sind, sich zu Faatsträngen bündeln und schließlich als Hirnnerven auf manchmal sehr gewundenen Wegen zu ihren Zielorganen finden.

Wichtig ist, dass diese Nerven nicht nur Kommandos vom Gehirn an die Zielorgane geben (z.B. die Tränendrüsen, wenn es um das Weinen geht oder die Kehlkopfmuskulatur, wenn es um das Schreien geht), sondern dass sie auch Informationen aus dem Körper zurück an das Großhirn transportieren. Die Informationsleitung vom Gehirn in den Körper nennt man „efferent", die Signalleitung aus dem Körper in das Gehirn „afferent". So ist das Großhirn tatsächlich die zentrale Schaltstation, in der alle Informationen zusammengeführt, analysiert werden und als Konsequenz daraus das Gehirn regulierend steuert.

Sensible Sinne: Das Hörsystem ist unsere früheste Verbindung zur Außenwelt.

Für ein tieferes Verständnis lohnt ein Blick in die Entwicklungsgeschichte: Das Gehirn hat sich schrittweise über Millionen von Jahren entwickelt und besteht in dieser Form erst beim Menschen, dem homo sapiens. Wenn wir es mit einem Gebäude vergleichen, lässt es sich schematisch gut in verschiedene, aufeinander aufbauende „Etagen" einteilen:

Das Erdgeschoss: der Hirnstamm

Er ist der entwicklungsgeschichtlich älteste Teil – das „Fundament" unseres Gehirns. Im Hirnstamm sind die Zentren für die Atem- und Temperaturregulation sowie alle wichtigen Vitalfunktionen angelegt. Außerdem finden sich hier Teile der Ursprungskerngebiete der Hirnnerven. Über eine Verbindung (Pons) wird der Kontakt zum Mittelhirn hergestellt, in dem wichtige Zentren der Reizverarbeitung liegen, so auch die ersten Schaltstationen für das Dechiffrieren von Hörsignalen und die Ursprungskerngebiete des Vagusnervs.

Die 1. Etage: das Mittelhirn

Dieses ist die „oberste Etage des Hirnstamms". Hier ziehen zahlreiche Verbindungen zu höher gelegenen Hirnstrukturen durch (Afferenzen) und ebenso Bahnen, die Informationen von höher gelegenen Großhirnstrukturen in den Körper senden (Efferenzen). In diesen Bereichen liegen auch Ursprungsgebiete weiterer Hirnnerven.

Für das Verständnis der vagalen, parasympathischen Regulation und der AVWF-Stimulation ist von Bedeutung, dass die Ursprungsgebiete des Nervus Vagus (vegetatives Nervensystem), des Nervus glossopharyngeus (zuständig für die Rachen- und Zungenbeweglichkeit, also für Lautbildung und Sprechen), des Nervus vestibulocochlearis (zuständig für Hören), des Nervus facialis (zuständig für die mimische Gesichtsmuskulatur) und des Stapedius-Muskel im Mittelohr eng zusammenliegen und untereinander verschaltet sind.

Die Chefetage: das Vorderhirn

Hier befinden wir uns in der „oberen Etage" und dem „Penthouse". Das Vorderhirn wird in Zwischenhirn und Endhirn unterteilt. Im Zwischenhirn liegen die zentralen Schaltstationen für die Regulation unserer Hormone (Hypothalamus), insbesondere der Stresshormone, und mit dem Thalamus ein Hirngebiet, in dem sämtliche Sinnesreize aufgenommen, analysiert, verarbeitet und verschaltet werden. Im Thalamus wird entschieden, welche Informationen dann an das Endhirn, und hier insbesondere an die Großhirnrinde (Cortex), weitergegeben werden und so dem Bewusstsein zugänglich gemacht werden.

Im Laufe der embryonalen Entwicklung im Mutterleib (Ontogenese) wiederholt sich in einem vergleichsweise immens kurzen Zeitraum die Entwicklungsgeschichte des Gehirns über Millionen Jahre (Phylogenese). Dieses faszinierende Schauspiel lässt sich heute teilweise schon optisch darstellen und mit feinen Messmethoden entschlüsseln.

Bezogen auf das Gehör, wissen wir heute, dass beim menschlichen Fetus auditive Reize ab etwa der 28. Schwangerschaftswoche zu Veränderungen der Herzrate führen, Augenblinzeln auslösen und motorische Reaktionen sowie neuronale Aktivität im Bereich der auditorischen Hirnstammareale auslösen können. Die Verarbeitung von Intensitäts- und Frequenzinformation auditorischer Reize scheint bereits mit zirka sechs Monaten das Niveau eines Erwachsenen zu erreichen. Hingegen unterliegen andere (z. B. zeitliche) Verarbeitungsaspekte des Hörens (z. B. die Unterscheidung von schnellen Spektrumwechseln, wie sie für die Sprachverarbeitung wichtig sind) einer längeren Entwicklung, die bis ins Kindergartenalter anhält.

Es zeigt sich aber, dass komplexe auditorische Reize wie Melodien, die Stimme der Mutter, die Sprachmelodie bereits intra-uterin – also vor der Geburt – vorhanden sind. Dies bedeutet, dass das Hörsystem eines der Systeme ist, das die früheste Verbindung zur Außenwelt darstellt. So verwundert es nicht, dass Babys schon vier Tage nach der Geburt lieber die Stimme ihrer Mutter hören als die einer fremden Frau. Besonders bevorzugen Säuglinge die mütterliche Stimme, wenn durch Filter die hohen Stimmfrequenzen abgeschwächt werden. Dies zeigt, dass dieses sensible „Tor zur Welt" früh zur Verfügung steht und wir darüber Einfluss auf die zentrale Reizverarbeitung eines Säuglings nehmen können, so wie das über die Beschallung bei AVWF der Fall ist.

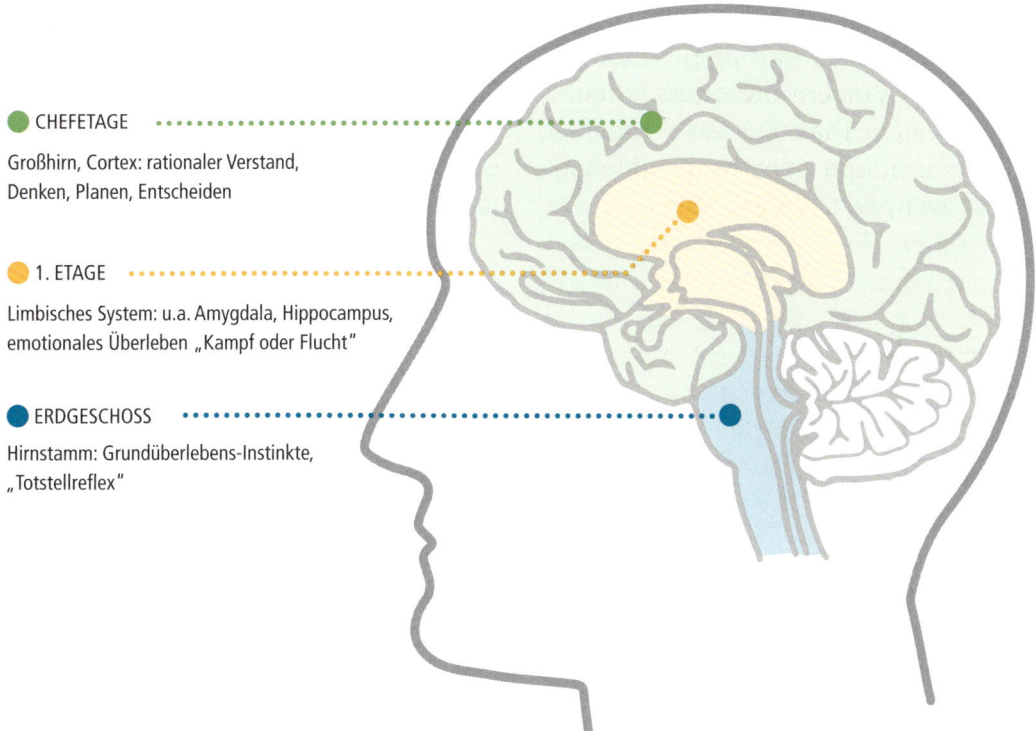

● CHEFETAGE

Großhirn, Cortex: rationaler Verstand,
Denken, Planen, Entscheiden

● 1. ETAGE

Limbisches System: u.a. Amygdala, Hippocampus,
emotionales Überleben „Kampf oder Flucht"

● ERDGESCHOSS

Hirnstamm: Grundüberlebens-Instinkte,
„Totstellreflex"

↗ Das „Gehirngebäude": Die Evolution hat verschiedene Regulationsebenen und Schaltstationen im Gehirn geformt.

Das Nervensystem – die Vernetzung des Ichs

Zurück nun zum vegetativen Nervensystem und dem Vagusnerv, der „inneren Bremse" schlechthin: Wie der Hirnforscher Professor Stephen Porges nachweisen konnte, haben sich die Stressbewältigungssysteme, die für eine verlässliche und sichere Regulation der lebenswichtigen Körperfunktion notwendig sind, stammesgeschichtlich (phylogenetisch) stufenweise entwickelt. Die Stressreaktion ist als generalisierte Anpassungsreaktion zu verstehen, die in der Entwicklungsgeschichte dabei geholfen hat, eine Spezies überleben zu lassen und sich den Anforderungen, die sie umgeben, anzupassen. Porges hatte deutlich gemacht, dass für die Bewältigung von Stress zunächst komplexe biologische Systeme („Fühler") nötig sind, um sicherzustellen, dass ein Mensch mit allen Sinnen wahrnimmt, ob eine Situation ungefährlich oder gefährlich ist, und danach schnellstmöglich automatisiert Programme ablaufen, die Menschen dabei helfen, Stress erzeugende Situationen zu bewältigen. Dies gilt für Embryonen im Mutterleib ebenso wie für Säuglinge und Erwachsene. Porges war übrigens derjenige, der die Bestimmung der Herzratenvariabilität vom Fetus im Mutterleib (CTG) in die Medizin eingeführt hat, heute ein selbstverständliches Untersuchungsverfahren bei der Schwangerschaftsvorsorge, um Informationen über das Befinden des Fetus zu bekommen. Die CTG-Untersuchung ist heute Routine in jeder Frauenarztpraxis.

Zurück zu der stammesgeschichtlichen Entwicklung des vegetativen Nervensystems von Säugetieren und Menschen: Die polyvagale Theorie von Porges beruht im Wesentlichen darauf, dass der Vagusnerv und damit das parasympathische System aus zwei unterschiedlichen Anteilen besteht, die entwicklungsgeschichtlich unterschiedlich alt sind und – besonders wichtig – deutlich unterschiedliche Funktion haben.

1. Parasympathisches System:
die dorsalen Vaguskerne – Immobilisation
Dieser Teil des Vagusnervs ist entwicklungsgeschichtlich der älteste. Er mündet in Nervenkabeln, die langsam leiten, nicht ummantelt sind (nicht myelinisiert) und sich schon bei Reptilien finden. Über diese Faserverbindung der dorsalen Vaguskerne wird Immobilisation vermittelt, die bei Tieren beispielsweise im Totstellreflex einmündet, bei Menschen zu einer

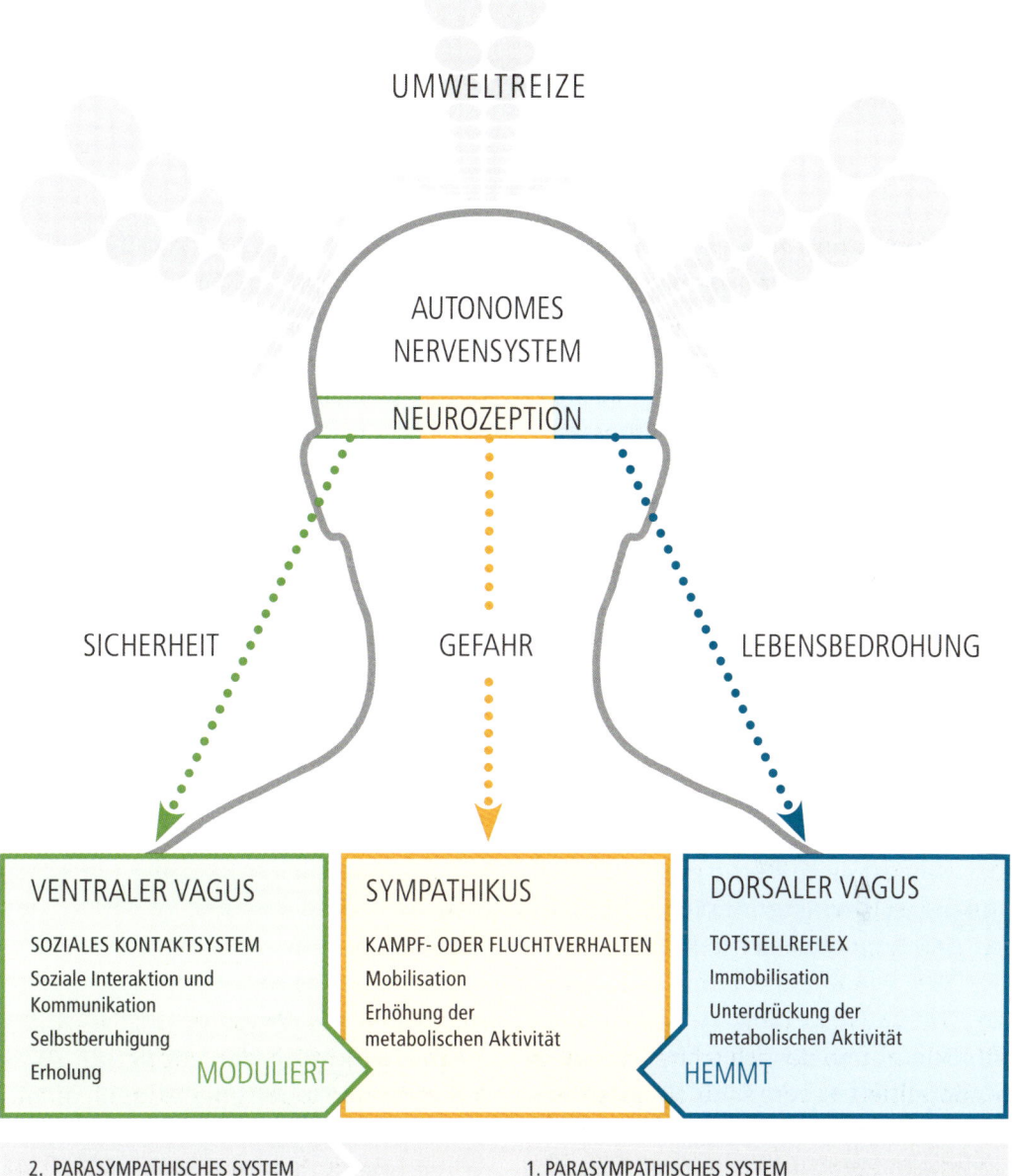

UMWELTREIZE

AUTONOMES
NERVENSYSTEM

NEUROZEPTION

SICHERHEIT   GEFAHR   LEBENSBEDROHUNG

VENTRALER VAGUS

SOZIALES KONTAKTSYSTEM

Soziale Interaktion und
Kommunikation

Selbstberuhigung

Erholung   MODULIERT

SYMPATHIKUS

KAMPF- ODER FLUCHTVERHALTEN

Mobilisation

Erhöhung der
metabolischen Aktivität

DORSALER VAGUS

TOTSTELLREFLEX

Immobilisation

Unterdrückung der
metabolischen Aktivität

HEMMT

2. PARASYMPATHISCHES SYSTEM   1. PARASYMPATHISCHES SYSTEM

↑ *Das autonome Nervensystem funktioniert ganz anders, als es in vielen Anatomiebüchern beschrieben wird: Mit dieser bahnbrechenden Erkenntnis hat der amerikanische Wissenschaftler Stephen Porges seine polyvagale Theorie begründet. Er unterscheidet drei Regulationsebenen des autonomen Nervensystems.*

Ohnmacht führen kann. Bildlich gesprochen handelt es sich um eine innere „Gefahrenbremsung".

Es versteht sich, dass dieser Mechanismus nicht überstrapaziert werden sollte, weil das gesamte System dadurch Schaden nimmt; anders gesagt: Wenn Menschen häufig auf das System Immobilisation zurückgreifen, kann es im Extremfall passieren, dass sie dabei zu Tode kommen, weil unser Gehirn bei zu langer Immobilisierung nicht mehr mit genügend Sauerstoff versorgt wird. Dies ist in der Literatur beschrieben als „vagaler Tod".

2. Der Sympathikus:
Kampf und/oder Flucht
Das Kampf- und Fluchtsystem (Sympathikus) ist charakterisiert durch Aktivität des Gegenspielers des Vagus, nämlich des Sympathikus. Eine Aktivierung des Sympathikus führt zu Mobilisation, zu einer Erhöhung der Herzfrequenz, Stresshormone, wie Cortisol und Adrenalin, werden ausgeschüttet. Damit steht genügend Energie zum Kämpfen oder zur Flucht zur Verfügung. In jedem Falle dient es der aktiven Bewältigung einer mit Stress verbundenen Situation.

Die Nachteile dieses Systems liegen auf der Hand: Wenn ich kämpfe oder fliehe, kann ich mich nicht um andere Dinge kümmern; Menschen kennen das z. B. als Prüfungsangst, die möglicherweise zur totalen Blockade des Großhirnes führt. Dies bedeutet: Das, was ich gelernt habe, kann ich aufgrund der hohen Aktivität des Sympathikus in der aktuellen Prüfungssituation nicht abrufen – mit allen daraus resultierenden Konsequenzen.

3. Parasympathisches System:
die ventralen Vaguskerne – sozialer Kontakt, Kommunikation und Selbstberuhigung
Diese Hirnstrukturen sind in dieser Form nur bei Säugetieren und bei Menschen entwickelt. Sie münden in schnell leitende, myelinisierte Fasern, die in der Lage sind, situationsabhängig schnellstmöglich Regulationsmaßnahmen in die Wege zu leiten, wenn es darum geht, sich selbst zu beruhigen und stressbezogene Situationen bewusst zu verarbeiten. Porges nennt dieses System „soziale Kommunikation, Engagement und Fürsorge". Hierzu gehören die Stimme und Vokalisation, insbesondere auch die

Stimmmelodie (Prosodie), das Hören und die Mimik. Ziel dieses hoch entwickelten Systems ist die Neuroprotektion und Stabilisierung autonomer Prozesse, die Förderung einer Kopplung von Herzschlag und Atmung (respiratorische Sinusarrhythmie), die zu einer Selbstberuhigung beiträgt, sowie das Schaffen von sozialen Verbindungen und Interaktionen mit anderen Menschen. Dies führt dazu, dass Menschen sich sicher fühlen, sich selbst beruhigen können und so Stress bewältigen – tatsächlich die „hohe Schule".

Jede Mutter setzt beispielsweise diesen Mechanismus intuitiv bei der Beruhigung von Säuglingen ein: Sie nimmt ihr Kind auf den Arm, wiegt es (Stimulation des Gleichgewichtsorgans, dass in derselben Struktur liegt wie das Hörorgan), sie spricht mit melodischer, eher leisen Stimme mit dem Säugling, nimmt Blickkontakt mit ihm auf und lächelt ihn an und – unbewusst – platziert den Säugling so, dass er den Herzschlag der Mutter wahrnimmt. Dies alles führt in der Regel zum Gefühl der Selbstberuhigung und lässt den Säugling im besten Falle (wenn alle anderen Grundbedürfnisse befriedigt sind!) schlummern.

Dominiert nun der dorsale Vaguskomplex die Regulation, möglicherweise noch bei gleichzeitiger Aktivierung des Sympathikus, kommt es zu ungünstigen Verhaltensweisen und Reaktionen wie Einschränkung von Konzentration und Gedächtnisleistungen, fehlender Selbstberuhigung, Rückzug, Apathie und Interesselosigkeit. Beim Neugeborenen kann dies in dauerhaftes Schreien münden, mit allen schon beschriebenen Konsequenzen.

Unterschätzter Mittelohrmuskel

D ie akustische Umgebung in unserer modernen Welt wird von einer Vielzahl niederfrequenter Geräusche dominiert, welche die höherfrequente menschliche Stimme leicht überdecken können. Hier wird die immense Bedeutung der parasympathisch innervierten Mittelohrmuskulatur ersichtlich: Die kaum bekannte Steigbügelmuskulatur (Stapedius-Muskel) reguliert gemeinsam mit dem Trommelfellspanner die Steifheit der Gehörknöchelkette. Nur wenn diese ausreichend steif ist, wird die Lautstärke von niederfrequenten Geräuschen zum Innenohr gedämpft, was uns eine adäquate Entschlüsselung und Interpretation akustischer Reize durch das Großhirn ermöglicht (Borg & Counter, 1989).

Gelingt es dem Organismus nicht, die niederfrequenten Töne zu dämpfen, so kommt es zu einer massiven Überflutung des Organismus mit akustischen Reizen, was den Organismus in einen Zustand ständiger Alarmbereitschaft versetzt. In der Folge können sich verschiedene

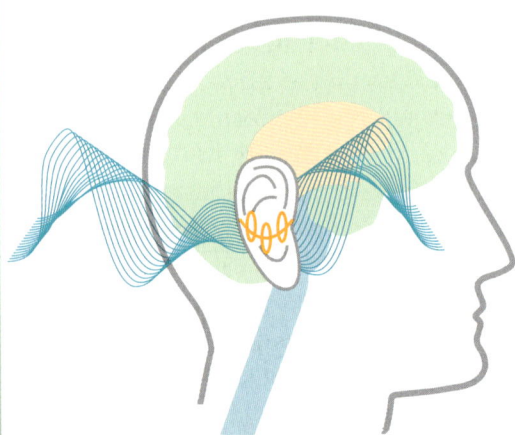

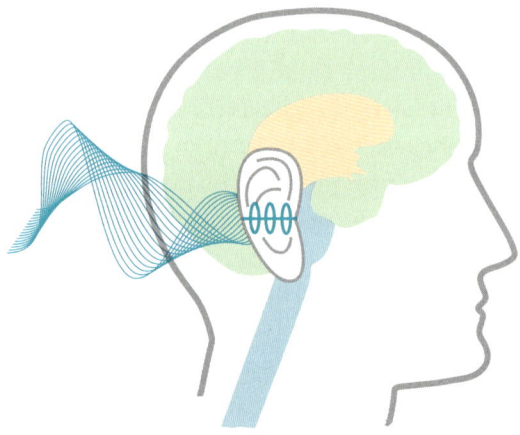

↑ *Der Organismus wird – in der linken Abbildung dargestellt – aufgrund mangelnder Dämpfung niederfrequenter Geräusche in einen Zustand ständiger Alarmbereitschaft versetzt.*

↑ *Eben diese Frequenzen werden – in der rechten Abbildung dargestellt – automatisiert herausgefiltert, wodurch eine bessere Verarbeitung auditiver Reize ermöglicht wird.*

Verhaltensstörungen entwickeln. Auch in der Nacht bleibt dann die Alarmbereitschaft bestehen. Sie verhindert Tiefschlafphasen und lässt einen erholsamen Schlaf nicht zu. Auf Dauer können so Erschöpfungszustände das Resultat sein. Auch bei der Messung der Herzratenvariabilität, HRV, finden wir dann Veränderungen: Der Stressindex steigt und das Herz ist durch eingeschränkte Aktivierung der ventralen Vagusanteile weniger anpassungsfähig.

Sehr oft findet sich als Ursache verschiedenster Symptomkomplexe ein gestörtes Gleichgewicht im autonomen Nervensystem. Dieses reagiert nämlich stets in einer bestimmten Reihenfolge der Aktivierung (vgl. polyvagale Theorie). Bei einer vom Organismus als ineffizient empfundenen Regulation kommt es allmählich zu einer Veränderung der Vaguskerne. Auch bei Dauerstress oder unter permanenter Belastung verändern sich diese und die dorsale Regulierung überwiegt.

In dieser falschen Reihenfolge der Aktivierung der verschiedenen Anteile im autonomen Nervensystem fördert der Organismus primär Verteidigungs- und Notfallreaktionen, die prosoziales Ver-

Stressfalle:
Wenn die innere Alarmbereit-
schaft in der Nacht bestehen
bleibt, ist erholsamer Schlaf
nicht möglich.

halten und hohe Aufmerksamkeit kaum mehr möglich machen. Darüber hinaus leiten die dorsalen Nervenfasern Informationen mit nur einer Geschwindigkeit von 0,2-2 m/s (im Vergleich zu 100 m/s bei ventraler Regulierung). Durch die AVWF kann die falsche Reihenfolge der Aktivierung im autonomen Nervensystem umgekehrt und somit der Einfluss der hemmenden Systeme auf den Organismus und die Wahrnehmungsverarbeitung ausgeglichen werden. Das Gehirn wird „schneller", d.h. die Geschwindigkeit, mit der Informationen verarbeitet werden können, erhöht sich. Was bedeutet dies? Die Basis für die Verbesserung komplexer Funktionen – egal ob bei Kindern, Sportlern oder Erwachsenen – bildet somit stets die Regulierung des autonomen Nervensystems, d.h. die Rückkehr zu den neuen Strukturen, durch die AVWF.

Stress – die „Krankheit" des 21. Jahrhunderts

Der Begriff „Stress" geht auf Forschungen des österreichisch-kanadischen Mediziners Hans Selye zurück. Er definierte Stress „als unspezifische Antwort des Organismus auf die Störung des (inneren) Gleichgewichts und als den Versuch, dieses Gleichgewicht wiederherzustellen" (Birbaumer & Schmidt, 1999). Selye postulierte damit erstmals, dass verschiedene Stressoren auf biologischer Ebene bei allen Menschen dieselben drei Reaktionsstadien hervorrufen und unterscheidet:

Alarmreaktion
In diesem Stadium nimmt der Organismus die Überstimulation/Belastung wahr. Dieser versucht der Organismus durch Mobilisierung aller Kräfte entgegenzuwirken. Es kommt zu einer Alarmreaktion, die mit der Aktivierung des Sympathikus einhergeht.

Widerstandsstadium
In diesem Stadium versucht sich der Organismus durch dauerhafte Mobilisierung von Ressourcen der Belastung anzupassen. Sichtbar wird dies u. a. in einem erhöhten Ruhepuls. Wird die Anpassungsfähigkeit überschritten bzw.

kann der Organismus die benötigte Energie zur Bewältigung der Belastung nicht mehr bereitstellen, tritt das dritte Stadium ein.

Erschöpfungsstadium
Im Erschöpfungsstadium geht die Kapazität der Anpassungskräfte verloren. Es kann nicht mehr genügend Energie bereit- und die Stressbewältigung nicht mehr sichergestellt werden. Der Organismus ist überlastet. Die Erschöpfungsphase geht u. a. mit einem stark erniedrigten Ruhepuls einher.

Vor allem bei chronischem Stress wird oft die anfängliche Alarmreaktion übersprungen und der Organismus befindet sich dauerhaft im Widerstands- oder im Extremfall auch im Erschöpfungsstadium. Dabei sind diese Stadien gewissermaßen gleichzusetzen mit dem Vorherrschen der älteren Systeme (Sympathikus und dorsaler Vagus) im autonomen Nervensystem. Vollbringt der Organismus stetig Höchstleistung (andauernder Anspannungs- und Aktivierungszustand), so führt dies früher oder später zum „Verschleiß", was sich in unterschiedlichen Symptomen zeigen kann, u. a. in Herz-Kreislauf-Beschwerden, Schmer-

Reizüberflutung!
Im Zustand sensualer Über-
forderung suchen die Systeme
ständig nach Aus- und Flucht-
wegen oder nach Möglichkeiten
zum „Gegenangriff".

zen, Schlafstörungen, Störungen des Magen-Darm-Traktes, Antriebslosigkeit, Nervosität und innere Unruhe, Konzentrationsprobleme und vieles mehr.

Konzentrationsprobleme ergeben sich u. a. aufgrund der Auswirkungen von Stress auf die Reizverarbeitung. So erfolgt bei Vorherrschen der älteren Systeme im autonomen Nervensystem (Sympathikus, dorsaler Vagus) keine bzw. nur eine verlangsamte Verarbeitung von Reizen über die Großhirnrinde. Die Situationsbewertung und Entscheidungsfindung durch das Großhirn ist dadurch eingeschränkt, wenn nicht sogar komplett unterbunden, und der Körper reagiert mit Abwehrreflexen oder erstarrt in einer Schreckreaktion.

Informationen aus der Umwelt können unter permanenter Belastung also nicht mehr effizient und adäquat verar-

beitet werden. In der Folge werden auch ungefährliche Situationen als gefährlich erlebt und führen zu einem automatisch ablaufenden (impliziten) Verhalten, das am besten der Begriff „Stressautomatismus" beschreibt. In diesem Moment können Menschen nicht mehr bewusst in ihre Handlungen eingreifen. Mehr noch: Während das Großhirn seine Aktivitäten beinahe einstellt, tritt bei den impliziten Schaltkreisen genau das Gegenteil ein. Informationen werden nicht mehr vorgefiltert, sondern gelangen uninterpretiert und mit einer höheren „Bit-Rate" als normal in den Organismus. Durch diese Reizüberflutung wird ständig nach Aus- und Fluchtwegen gesucht bzw. nach Möglichkeiten für Gegenangriffe. Kommt es also aufgrund einer schlechten Regulierung im autonomen Nervensystem zu einem ineffizienten Funktionieren höherer Funktionen, so gewinnen die niederen Anteile die Oberhand und Steuerung. Verhaltensauffälligkeiten sind so vorprogrammiert.

Burn-out – wenn nichts mehr geht

Eine der bekanntesten und auch schwerwiegendsten Folgen von chronischem Stress ist das Burn-out-Syndrom. Auch wenn eine einheitliche Definition bislang fehlt, so tritt es doch relativ häufig auf. Schätzungen der Krankenkassen zufolge leiden etwa neun Millionen Deutsche am Burn-out-Syndrom. Dadurch, dass der Körper bei der Vorstufe zum Burn-out permanent unter „Dauerstrom" steht, geht dessen natürliche Fähigkeit zur Regeneration verloren. Aus Schutz vor Überforderung schalten sich vermehrt dorsale Nervenfasern zu. Andere Funktionen werden vernachlässigt, weil der Organismus nur noch damit beschäftigt ist, das Überleben zu sichern. Die Regulation über den dorsalen Vaguskomplex sieht man u. a. darin, dass jegliche Anstrengung schwer fällt. Letztlich befinden sich die Betroffenen in einem physischen, psychischen und geistigen Erschöpfungszustand.

Da das Burn-out-Syndrom keine festgeschriebenen Symptome hat, ist es schwer zu diagnostizieren. Als schleichender Prozess (der Organismus versucht ja lange Zeit dagegen anzusteuern – jedoch ohne Erfolg) macht es sich meist auch erst sehr spät bemerkbar.

Häufige Symptome vor Burn-out:
- Dauermüdigkeit
- Schwächegefühl
- Antriebslosigkeit
- „Gefühl der Leere"
- Schlafstörungen
- Kopf- und Rückenschmerzen
- Herz-Kreislauf- und Magen-Darm-Beschwerden
- Immunschwäche
- steigende Schmerzempfindlichkeit
- Konzentrationsschwäche
- eingeschränkte Kreativität
- abnehmende Leistungsfähigkeit des deklarativen Gedächtnisgebrauchs (Faktenwissen)

Darüber hinaus sind die Betroffenen auch in ihrer sozialen Interaktion beeinträchtigt: Sie sind schnell gereizt, wenig belastbar und empfinden soziale Kontakte als Anstrengung. Einfache Kommunikation oder selbst die Anwesenheit anderer werden zu Stressoren, was zur Folge hat, dass sich die Patienten zurückziehen und Kontakte meiden.

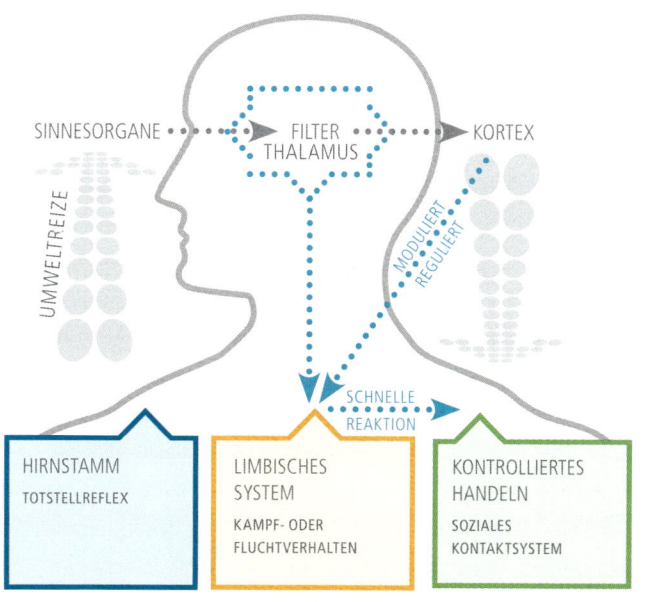

← REIZVERARBEITUNG BEI
OPTIMALER FILTERFUNKTION
DES THALAMUS

Normales System: Reize treffen
aus der Umwelt auf die verschiedenen Sinnesorgane. Nur wenn
der Organismus in der Lage ist,
diese Reize richtig zu filtern, kann
eine effiziente Verarbeitung von
Sinnesreizen über die Großhirnrinde erfolgen.

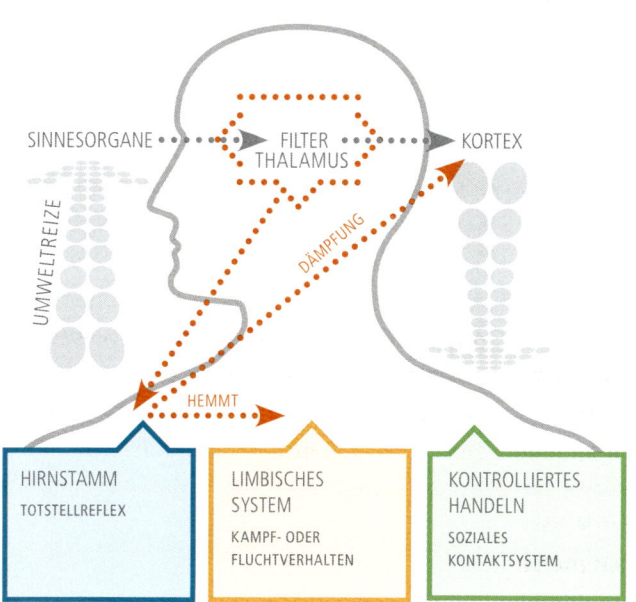

← REIZVERARBEITUNG BEI
EINGESCHRÄNKTER FILTER-
FUNKTION DES THALAMUS

Gestörtes System: Andernfalls
sprechen wir von einer falschen
Reihenfolge der Aktivierung,
d.h. es erfolgt keine effiziente
Verarbeitung von Stimuli über
die Großhirnrinde mehr. Folgen
sind Störungen in der Wahrnehmungsverarbeitung und
daraus resultierend unangepasste
Verhaltensweisen.

Schlafstörungen

Schlafstörungen können vielfältige Ursachen haben, häufig treten sie auch als Begleitsymptom bestehender Grunderkrankungen (Angststörungen, Depressionen u. v. m.) auf. In erster Linie unterscheiden wir Einschlaf-, Durchschlaf- und Ausschlafstörungen. Vor dem Hintergrund der polyvagalen Theorie lassen sich diese wie folgt erklären: Sie ergeben sich vor allem dann, wenn der Sympathikus bevorzugtes Regulationssystem ist. Ist letzterer nämlich einmal aktiviert, lässt er sich nur sehr schwer wieder abschalten. Da der Gegenspieler (ventrale Vagus) zu schwach ist, kommt der Körper oft nur für kurze Zeit zur Ruhe und der Schlaf ist nicht erholsam.

Auch wenn überwiegend der noch ältere dorsale Vagus vorherrscht, ist unser Schlaf alles andere als erholsam. Selbst wenn wir oft zwölf oder noch mehr Stunden durchweg schlafen, fühlen wir uns danach aber immer noch nicht fit und leistungsfähig. Eine Therapie sollte daher immer in der Beseitigung der Ursachen liegen und nicht in der Beseitigung des Symptoms „Schlafstörung" durch Schlafmittel.

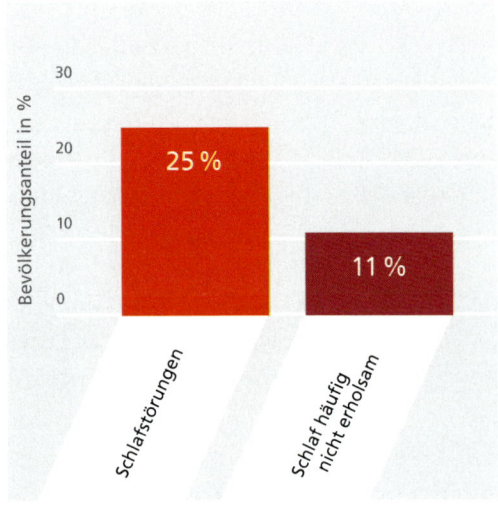

↑ *Laut Robert-Koch-Institut leiden in Deutschland 25 Prozent der Bevölkerung unter Schlafstörungen.*

Neu moduliert: Stressregulation findet beim AVWF-Neurocoaching auf biologischer Ebene statt.

Zurück in die Balance

Wie ist die Wirkungsweise von AVWF? Über spezielle, hochwertige Kopfhörer wird frequenzmodulierte Musik eingespielt. Zwischen äußerem Ohr und Mittelohr liegt das Trommelfell, das den Schall mit Hilfe der Gehörknöchelchenkette auf das Hörorgan überträgt.

Systeme aktivieren

Hier findet der erste Trainingseffekt statt: Durch die Frequenzmodulation der dargebotenen Musik kommt es zu einem Training des kleinen Stapedius-Muskels. Auf diese Weise können stressauslösende, tiefe Frequenzen besser gefiltert werden. Der Schall wird dann über den Hörnerv und die Hörbahn neben anderen Hirnzentren in den Hirnstamm weitergeleitet, wo es eine Verbindung zu den Vaguskernen gibt. Durch diese gezielte Stimulation der ventralen Vaguskerne werden das Kontakt- und Selbstberuhigungssystem des Körpers aktiviert.

Dies führt zu einer Reihe von Effekten: Häufig stellt sich als erstes eine deutliche Förderung und Verbesserung des Schlafs und der Schlafregulation ein. Schon nach wenigen Trainingseinheiten

wird dies berichtet. Die positive Stimulierung des ventralen Vaguskomplexes und damit des Teils des autonomen Nervensystems, das der Selbstberuhigung dient, wirkt sich auch auf das Lernvermögen aus. Die Geschwindigkeit der Informationsverarbeitung erhöht sich und dadurch auch die Konzentration. Das Gehirn verarbeitet Reize schneller. Dies führt zu einer erhöhten Leistungsfähigkeit des gesamten Organismus. Erwünschter Nebeneffekt: Ein guter Schlaf fördert sowohl die körperliche Regeneration als auch das Lernen.

Wenn es drauf ankommt, müssen Menschen – gerade auch Kinder und Jugendliche – ihre erworbenen Fähigkeiten im Idealfall störungsfrei entfalten können. An erster Stelle sollen dazu durch das AVWF-Neurocoaching alle Sinne geöffnet und die Regeneration des jungen Menschen verbessert werden. Ein ausgeruhter, konzentrierter Schüler, der alle Umweltreize schneller und präziser verarbeitet, ist das Ziel der AVWF.

Einige Vorteile im Überblick:

■ Durch die Balancierung des autonomen Nervensystems ergeben sich positive Auswirkungen auf Tiefschlaf,

Erholung und Regenerationsfähigkeit.

■ Die hohe Anspannung, ob mental oder muskulär, wird abgebaut. Das auditive und visuelle System wird entlastet. Erworbenes Wissen wird auch unter Stressbelastung leichter abrufbar.

■ Eine prosoziale Entwicklung wird eingeleitet.

■ Der Teamgeist wird gestärkt.

■ Die Konzentration wird insbesondere in Stresssituationen gesteigert.

Stressregulation findet beim AVWF-Neurocoaching auf biologischer Ebene statt. Schallmodulierte Musik bringt dabei das Nervensystem und dessen Ansteuerung durch das Gehirn in Balance. AVWF folgt dabei biogenetischen und biologischen Aktivierungsmustern.

Mit der AVWF-Methode wurde ein Weg gefunden, das autonome Nervensystem wieder in Balance zu bringen und damit auch unser „soziales Kontaktsystem" wieder zu aktivieren. Zunächst wird über eine umfassende Diagnostik der genaue Grad der Beeinträchtigung festgestellt. Als besonders hilfreich hat sich hier die Erfassung der Herzratenvariabilität, HRV, erwiesen. Darüber hinaus kann ein Test der Low-Level-Funktionen hilfreich sein, um Defizite in der auditiven Wahrnehmungsverarbeitung aufzudecken. Die ermittelten Befunde werden anschließend im gemeinsamen Gespräch erörtert und durch Verhaltensbeobachtungen ergänzt, sodass die Indikation für eine Behandlung ermittelt werden kann.

Vom Befund zum Gleichgewicht

Eine umfassende Diagnostik ermöglicht es, Aussagen über das autonome Nervensystem zu machen. So ist es über die Messung der Herzratenvariabilität, HRV, möglich, die Aktivierung von Sympathikus und Parasympathikus getrennt zu beurteilen. Danach erfolgt grundsätzlich eine Bedarfsanalyse, da nur so festgestellt werden kann, was das Kind oder der junge Mensch individuell braucht. Aus einer HRV-Messung ergeben sich zudem auch oft wesentliche Parameter für die Nährstoffsteuerung. Im Gehirn und im autonomen Nervensystem werden Signale nicht nur elektrisch, sondern auch mit Hilfe von Botenstoffen (sogenannte Neurotransmitter) übertragen. Wichtige Neurotransmitter sind das Dopamin (das „Glückshormon") und das Serotonin, das wesentlich zu Selbstberuhigung bei

Menschen beiträgt. So kann über entsprechende Nährstoffsteuerung ebenfalls gezielt Einfluss auf die Balance im zentralen und autonomen Nervensystem genommen werden.

Bei Erwachsenen mit geringer Herzratenvariabilität oder Defiziten in den Low-Level-Funktionen befindet sich das Nervensystem häufig in einem dauerhaft sympathisch aktivierten („gestressten") Zustand, sodass es die Vielzahl an einströmenden Informationen aus der Umwelt nicht richtig verarbeiten kann – die Verarbeitung von Reizen durch die Großhirnrinde ist im günstigsten Falle ineffizient, im ungünstigsten Falle kommt es zu automatisierten, unerwünschten Reaktion. Solche finden sich beispielsweise bei Patienten mit sogenannten posttraumatischen Belastungsstörungen, wo ein Bild, ein Geruch oder ein Geräusch schon ausreichen kann, um komplexe Erinnerungen an das traumatische Ereignis so intensiv wieder hervorzubringen, dass eine bewusste Einflussnahme nicht mehr möglich ist. Nicht so dramatisch, aber für den Einzelnen im Alltag ebenso einschränkend sind Konzentrations- oder Verständigungsschwierigkeiten, Schlafprobleme und anhaltende Gereiztheit,

die schließlich wieder zu Schwierigkeiten im Umgang mit anderen Menschen führen können.

An die umfassende diagnostische Eingangsphase schließt sich in der Regel eine zehntägige Behandlung mit der AVWF-Methode an. Über Kopfhörer bekommen die Klienten täglich eine Stunde lang schallmodulierte Musik dargeboten. Die Art der Musik (Rock, Pop, Klassik) spielt dabei kaum eine Rolle. Entscheidend jedoch sind die für das menschliche Gehör kaum wahrnehmbaren modulierten Schallwellen, die die Innenohrmuskeln und damit auch die zum Gehirn hinführenden parasympathischen Nervenfasern stimulieren sollen.

Da die positive Stimulation des autonomen Nervensystems unbewusst geschieht, können die Klienten dabei lesen, schlafen oder einfach nur entspannen. Auch nach Beendigung der zehntägigen Förderung steigert sich die Leistungsfähigkeit innerhalb von Wochen bis Monaten noch weiter, und es lässt sich in den meisten Fällen eine Verminderung oder sogar der Wegfall der Symptome der jeweiligen Beeinträchtigung feststellen.

Low-Level-Funktionen: das Fundament unserer Möglichkeiten

Diese Funktionen beschreiben die unterste von verschiedenen aufeinander aufbauenden Stufen der Entwicklung komplexer Leistungen. Sie sind somit Voraussetzung dafür, dass wir aufmerksam sein und uns konzentrieren können. Sie sind aber auch wichtig, um beispielsweise den Inhalt menschlicher Sprache zu entschlüsseln.

Da wir Defizite auf dieser basalen Stufe oft zu kompensieren vermögen, erfolgt die Messung der Low-Level-Funktionen insbesondere bei kognitiven Störungen bzw. Altersbeschwerden, einem Burn-out oder nach traumatischen Erlebnissen. Als besonders hilfreich hat sich hier die Erfassung der folgenden Funktionen erwiesen:

Richtungshören

Das Richtungshören bezeichnet die Fähigkeit, die Richtung und Entfernung einer Schallquelle zu erkennen, das heißt diese räumlich zu lokalisieren (Schönweiler & Ptok, 2000; Uttenweiler, 1996). Sie ist somit unabdingbar für das Unterscheiden von Stör- und Nutzschall. Bei einer Beeinträchtigung des Richtungshörens werden verschiedene Geräuschquellen als undifferenziertes Gemisch wahrgenommen, was sich negativ auf die Aufrechterhaltung der Aufmerksamkeit auswirkt.

Wie grundlegend die Low-Level-Funktionen für das Erlernen wesentlicher Sprach- und Kulturtechniken sind, zeigt anschaulich das Modell der hierarchisch aufeinander aufbauenden Stufen der Entwicklung sprachlicher Kompetenz nach Ptok.

Eine mangelnde Automatisierung im Low-Level-Bereich kann sich unter anderem bemerkbar machen in schneller Ermüdbarkeit, Konzentrations-, Gedächtnis- oder Verständnisproblemen. Diese basale Stufe besteht aus Fähigkeiten wie z. B. der auditiven und visuellen Ordnungsschwelle. Bei nicht voll automatisierten Low-Level-Funktionen wird zu viel von der Energie, die das Gesamtsystem von Organismus und Psyche zur Verfügung stellt, schon in diesem Bereich verbraucht, die dann für die Entwicklung der High-Level-Funktionen fehlt. Das führt zu schneller Ermüdung, geringer Frustrationstoleranz und Problemen mit der Konzentration.

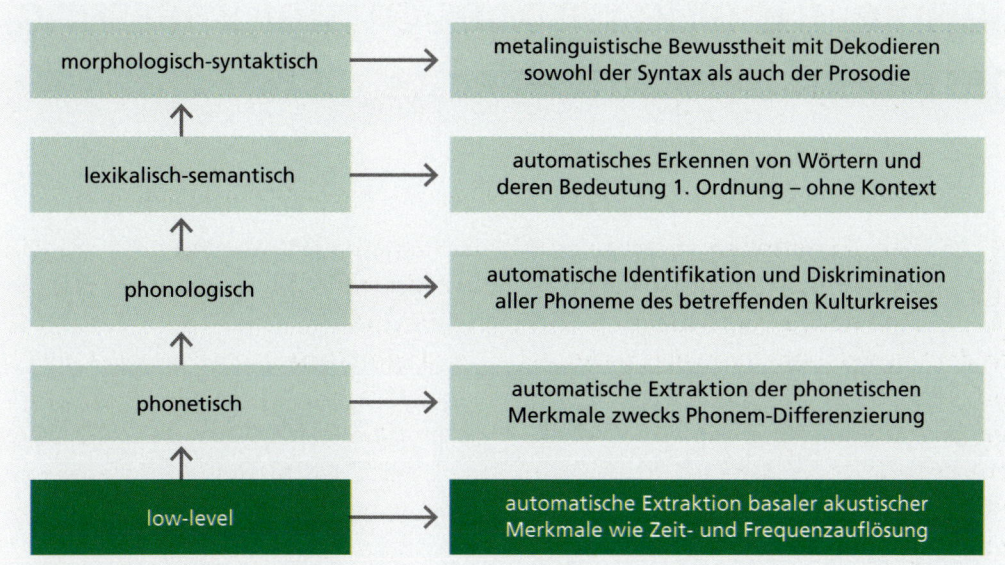

morphologisch-syntaktisch	metalinguistische Bewusstheit mit Dekodieren sowohl der Syntax als auch der Prosodie
lexikalisch-semantisch	automatisches Erkennen von Wörtern und deren Bedeutung 1. Ordnung – ohne Kontext
phonologisch	automatische Identifikation und Diskrimination aller Phoneme des betreffenden Kulturkreises
phonetisch	automatische Extraktion der phonetischen Merkmale zwecks Phonem-Differenzierung
low-level	automatische Extraktion basaler akustischer Merkmale wie Zeit- und Frequenzauflösung

↑ *Modell der Entwicklung sprachlicher Kompetenz nach Ptok.*

Ordnungsschwelle (visuell / auditiv)

Sie gilt als Maß für die Verarbeitungsgeschwindigkeit des Gehirns (Pöppel, 1985). Sie ist wichtig für eine zügige und präzise zeitliche Auflösung kontinuierlicher Seh- bzw. Höreindrücke. Ist die Verarbeitungsgeschwindigkeit zu langsam, gehen uns immer Informationen verloren!

Farbgesichtsfeldmessung

Die Farbgesichtsfeldmessung liefert wichtige Informationen bezüglich des visuellen Systems eines Kindes und Jugendlichen. Hierbei wird zum einen das Bewegungsgesichtsfeld, zum anderen aber auch das Farbgesichtsfeld erfasst. Der Protagonist muss während der Testung nacheinander mit dem linken und rechten Auge durch eine Apparatur schauen, an dessen Ende in der Achsenmitte eine Kamera zu fixieren ist. Peripher wird nun ein Farbpunkt auf den verschiedenen Achsen zur Mitte geführt. Hat die Testperson die Farbe erkannt, sagt sie „Stopp" und benennt diese. Der Punkt, an dem die Farbe richtig erkannt wurde, wird anschließend im Protokollbogen markiert.

Während der Testung werden vier verschiedene Farben (Rot, Blau, Weiß und Grün) auf allen Achsen angeboten. Nachdem alle Punkte erfasst wurden, werden Punkte gleicher Farbe kreisförmig miteinander verbunden. So erhält man ein sehr genaues Bild, inwieweit das Kind oder der Jugendliche in der

Beispiel für eine Farbgesichtsfeldmessung bei einem Skispringer

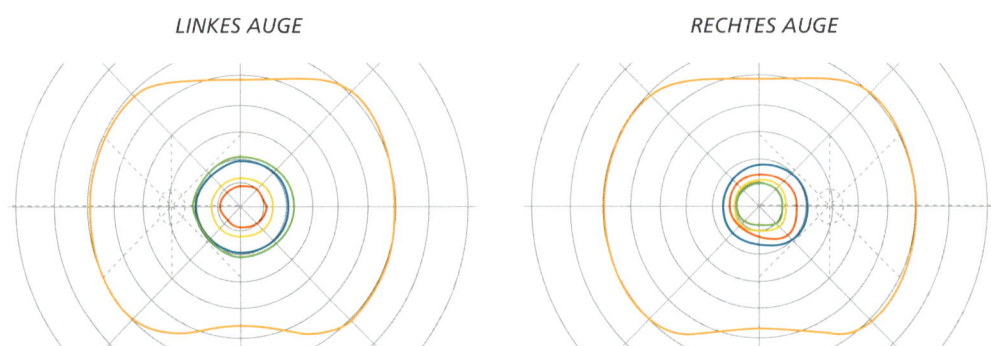

LINKES AUGE   RECHTES AUGE

↑ Im Vortest linkes und rechtes Auge vor Beginn der Saison. Auffällig ist das sehr kleine Farbgesichtsfeld.

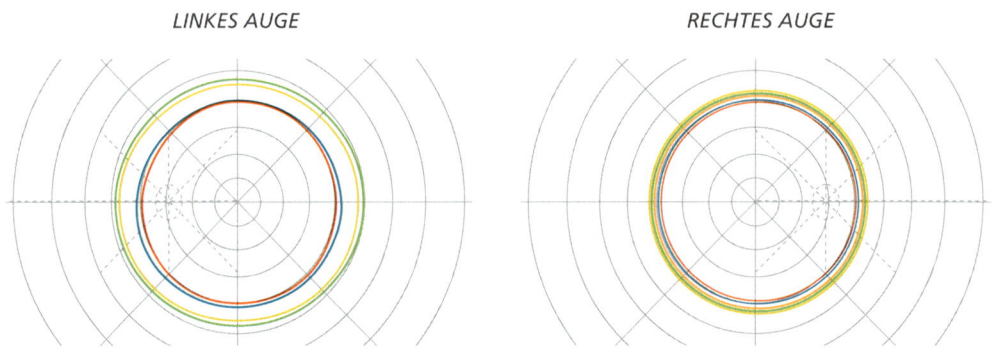

LINKES AUGE   RECHTES AUGE

↑ Nach fünf Einheiten AVWF ist das Farbgesichtsfeld wieder weit geöffnet. Ressourcen stehen ausreichend zur Verfügung. Der Sportler ist jetzt optimal für den Wettkampf vorbereitet.

Lage ist, Farben bzw. Bewegungen in der Peripherie wahrzunehmen.

Gerade für Sportler ist ein großes Gesichtsfeld von Bedeutung, denn nur dann haben sie in Stresssituationen Zu-griff auf freie Ressourcen. Da eine Farbanalyse in der Peripherie meist nicht benötigt wird, kann der Organismus hier Funktionen gezielt abschalten, um neue Ressourcen zu schaffen.

Reguliert – die Bedeutung der Herzratenvariabilität

Die Herzratenvariabilität (HRV) beschreibt die Fähigkeit des Herzens, den zeitlichen Abstand von einem Herzschlag zum nächsten fortlaufend (i.d.R. belastungsabhängig) zu verändern und sich flexibel und rasant ständig wechselnden Herausforderungen anzupassen.

Dabei ist der zeitliche Abstand zwischen zwei Herzschlägen ausschlaggebend für unsere aktuelle Herzfrequenz. Diese ist jedoch keineswegs konstant, sondern verändert sich ununterbrochen. Mal steigt sie leicht an, mal fällt sie leicht ab. Selbst im Ruhezustand treten spontan Veränderungen des zeitlichen Abstandes zwischen zwei Herzschlägen auf. Diese Fähigkeit zur Variabilität bezeichnet man als HRV.

Die HRV kann somit als Maß für die allgemeine Anpassungsfähigkeit des Organismus an äußere und innere Reize gesehen werden. So reagiert das Herz hoch sensibel auf Belastungen unterschiedlicher Art, insbesondere jedoch auf körperliche Anstrengung. Mit steigendem Puls (also vermehrtem Einfluss des Sympathikus auf das Herz) sinkt sie. Anschließend bleibt die HRV noch so lange verringert, bis sich der Körper weitestgehend erholt hat. Dies kann bis zu 24 Stunden dauern. Die HRV kann aber auch dauerhaft eingeschränkt sein, beispielsweise durch:

- chronischen Stress
- seelische Erkrankungen (z. B. Angst und depressive Störungen)
- körperliche Erkrankungen (z. B. Diabetes, chronische Durchblutungstörungen der Herzkranzgefässe)

und nicht zu vergessen: Medikamente, Coffein und Nikotin.

Aus diesem Grunde bedarf es zum Verständnis der HRV eines eingehenden Gespräches, um über diese Faktoren Kenntnis zu erlangen. Erst wenn organische Faktoren ausgeschlossen sind beziehungsweise der Einfluss von Medikamenten berücksichtigt ist, wird eine sinnvolle Interpretation der HRV in Hinblick auf chronische Stressbelastung einer Person möglich sein.

Da die HRV autonom (d. h. unwillentlich) geregelt wird, ist es naheliegend, sie zur Messung des aktuellen Stresslevels einer Person heranzuziehen. So wissen wir, dass sich in Belastungssituationen die Regulierung wichtiger Körperfunktionen verschlechtert (vgl. auch polyvagale Theorie). Der französische Mediziner und Psychater David Servan-Schreiber (2004) führt sogar 50 bis 75 Prozent aller Arztbesuche auf Stress und Überbelastung zurück. Generell gilt also: Je höher die HRV, umso besser. Denn: Eine größere Variabilität spricht insgesamt für eine höhere Anpassungsfähigkeit des Organismus in akuten Belastungssituationen.

Die HRV kann schnell und einfach erfasst werden. Die Auswertung erfolgt dabei immer im Vergleich mit anderen Personen derselben Altersgruppe, da sich die HRV mit zunehmendem Alter verringert. Bei guter Messungsqualität und guter HRV ist der Verlauf der Herzfrequenz annähernd sinusförmig. Unter Stressbelastung kommt es jedoch zu Einschränkungen der HRV und der Verlauf der Herzfrequenz gleicht bei guter

Messungsqualität einer geraden Linie. Natürlich können HRV-Messungen beispielsweise aufgrund grippaler Infekte, akuter übermäßiger körperlicher oder seelischer Belastung kurzfristig auch schlechter ausfallen. Ist die HRV jedoch bei mehrmaligen Messungen herabgesetzt, ist eine Ursachensuche unerlässlich.

Eine gute HRV ist bedeutsam für
- gute Leistungsfähigkeit
- gute Stressregulation
- schnelle Erholung und die allgemeine Gesundheit

Durch die Ausbalancierung des autonomen Nervensystems mittels AVWF® kann die HRV positiv beeinflusst werden.

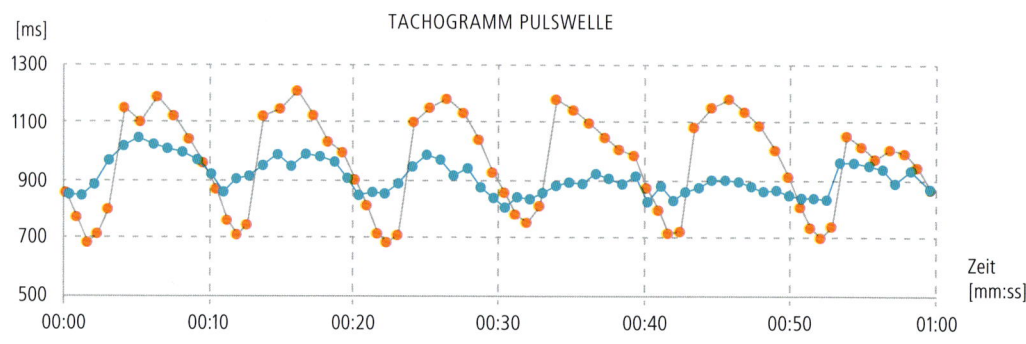

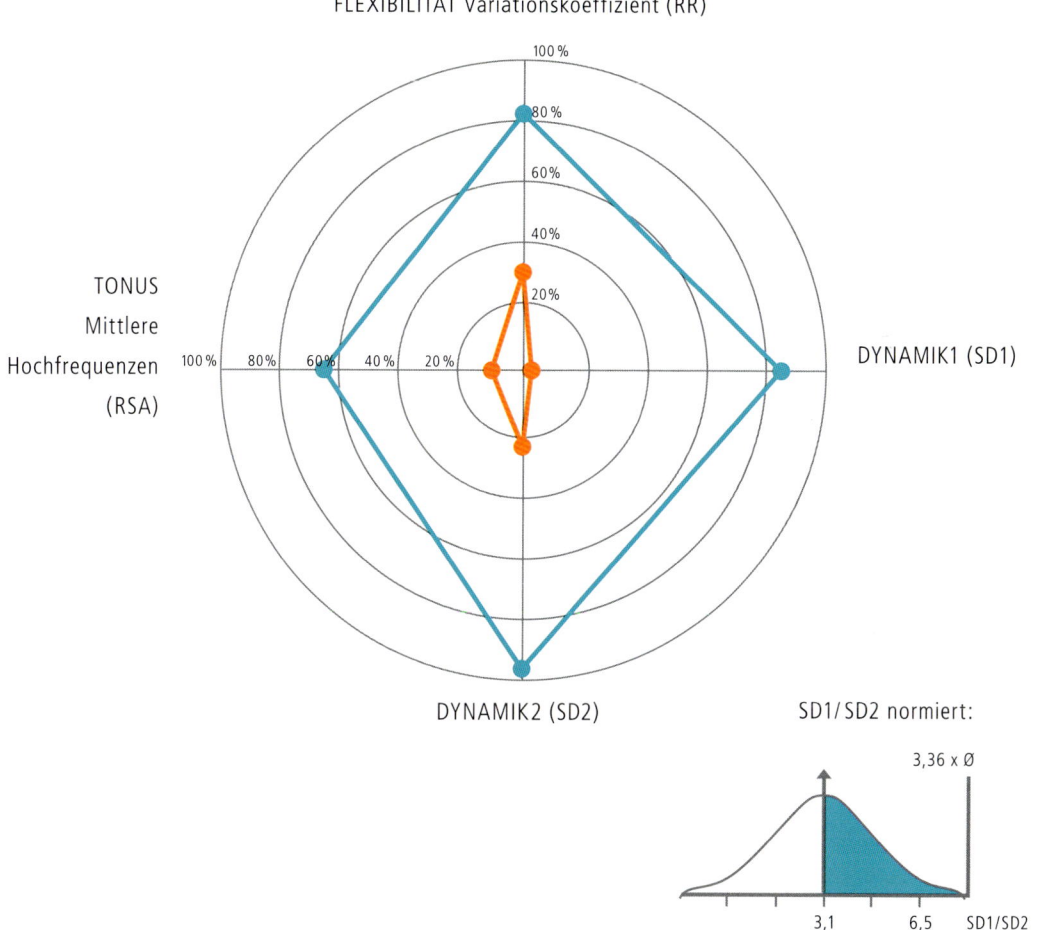

FLEXIBILITÄT Variationskoeffizient (RR)

TONUS Mittlere Hochfrequenzen (RSA)

DYNAMIK1 (SD1)

DYNAMIK2 (SD2)

SD1/SD2 normiert:

3,36 x Ø

3,1   6,5   SD1/SD2

↑ Beispiel für die Ermittlung einer ● GUTEN vs. ● SCHLECHTEN
Regulation des Organismus mittels des HRV-Scanners.

← Beispiel für die Ermittlung einer ● GUTEN vs. ● SCHLECHTEN Anpassungsfähigkeit
des Organismus mittels des HRV-Scanners.

AVWF wirkt – der Nachweis

Mit Hilfe funktioneller Magnetresonanztomographie (fMRT) ist es heute möglich, über Veränderungen im Stoffwechsel die neuronalen Wirkungsmechanismen bestimmter audiovisueller Reize umfassend zu verstehen und zu analysieren. Das Ziel dieser Forschung ist es, unbewusste Gedankenprozesse darzustellen und transparent zu machen.

Das Grundprinzip baut auf Phänomenen im Magnetfeld auf. Wenn eine Gehirnregion stark arbeitet, verbraucht sie Energie, das heißt, es muss frischer Sauerstoff mit Hilfe des Blutes in diese Regionen transportiert werden. Diese Veränderung wird gemessen. Dieses Signal wird BOLD-Effekt (blood-oxygen-level-dependent) genannt. Dieser Kontrast ist vom Sauerstoffgehalt in den roten Blutkörperchen abhängig. Rote Blutkörperchen, die ihren Sauerstoff abgegeben haben, fungieren wie kleine Eisenmoleküle, also kleine Magneten, die das Magnetfeld stören. Das Magnetresonanzsignal misst in diesem Bereich ein schwächeres Signal. Die neuronale Aktivierung bestimmter Gehirnareale ermöglicht nach dieser Methode Rückschlüsse zum Beispiel auf die Verarbeitung bestimmter Reize und deren Wirkung. Nie zuvor standen Techniken und Methoden zur Verfügung, die es uns ermöglichen, treffsicher jene Schlüsselreize zu identifizieren, die im menschlichen Gehirn spezifische Reaktionen auslösen.

So wurde mit fMRT 2011 eine Studie von der Limbio Business OG an der Christian Doppler Klinik in Salzburg durchgeführt. 13 Probanden (7 Männer und 6 Frauen) im Alter von 15 bis 61 Jahren wurden getestet. Im Rahmen der AVWF-Testung wurden die neuronalen Wirkungsmechanismen schallmodulierter Musik gemessen und analysiert. Aus diesen Ergebnissen wird ersichtlich, welche Unterschiede in individuellen Gehirnregionen erkennbare neuronale Differenzen aufweisen. Insgesamt wur-

> **ⓘ** *Treffsicher:*
> *Es kommt darauf an, Schlüsselreize zu identifizieren und zu nutzen, um spezifische Reaktionen im Gehirn auszulösen.*

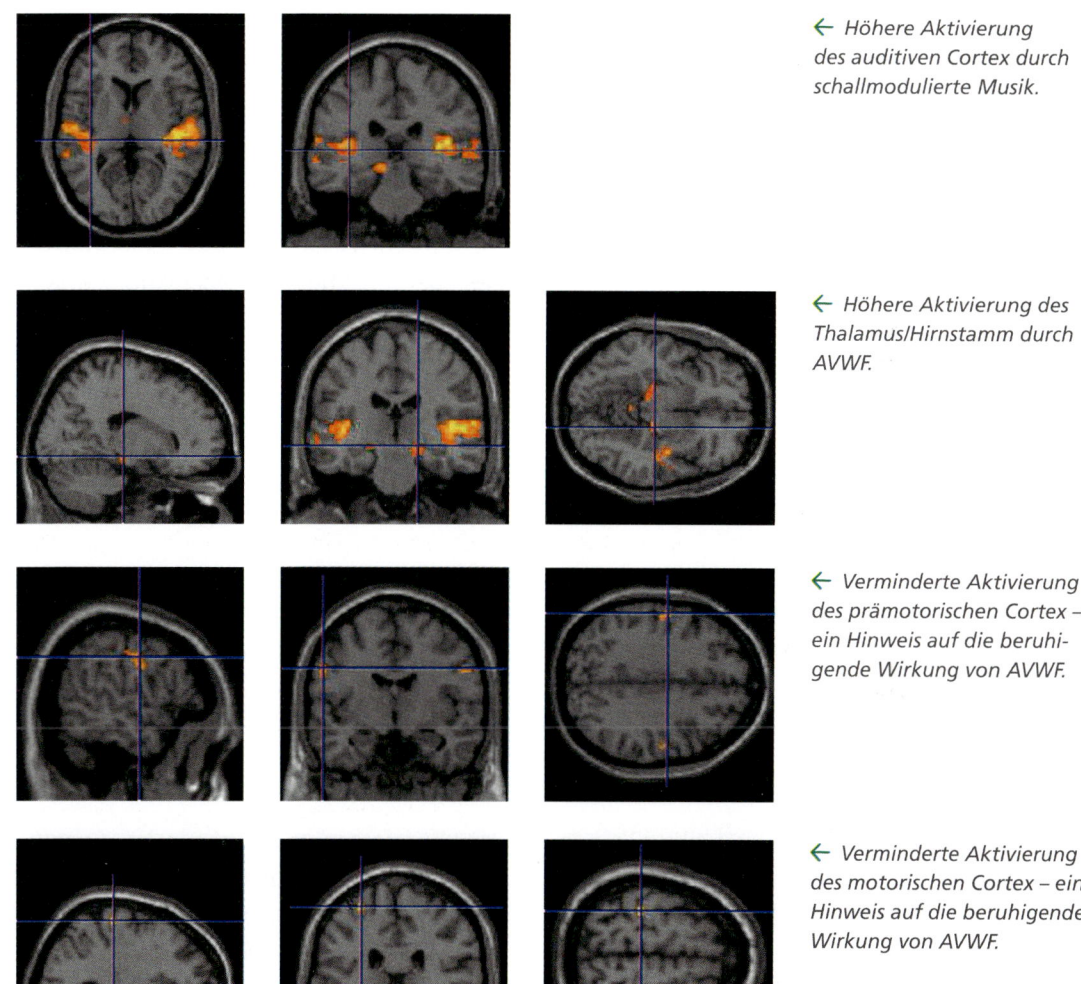

← Höhere Aktivierung des auditiven Cortex durch schallmodulierte Musik.

← Höhere Aktivierung des Thalamus/Hirnstamm durch AVWF.

← Verminderte Aktivierung des prämotorischen Cortex – ein Hinweis auf die beruhigende Wirkung von AVWF.

← Verminderte Aktivierung des motorischen Cortex – ein Hinweis auf die beruhigende Wirkung von AVWF.

Forschungsergebnis:
Der erhöhte Einsatz von Psycho-
stimulanzien könnte mit der
AVWF-Methode möglicherweise
reduziert werden.

den zehn Musikstücke mit einer Länge von 30 Sekunden eingesetzt. Jedes Musikstück wurde einmal schallmoduliert und einmal nicht schallmoduliert nach dem Zufallsprinzip eingespielt. Die Auswertung der fMRT Signale zeigt erstaunlich robuste Ergebnisse. Insgesamt konnten in drei Gehirnregionen signifikante Unterschiede gemessen werden. Diese Befunde gelten für folgende diese Gehirnareale: auditiver Cortex, Thalamus, prämotorischer und motorischer Cortex.

Auditiver Cortex

Die schallmodulierte Musik führt zu nachweislich mehr neuronaler Aktivitäten in auditiven Gehirnregionen. Dies sind Areale, die für das Empfangen und Verarbeiten von Geräuschinformationen zuständig sind. Diese Regionen im Temporallappen, auch primärer auditiver Cortex genannt, verarbeiten die schall-

modulierte Musik anders. Es konnte nachgewiesen werden, dass diese Effekte bilateral auftreten.

Thalamus

In Regionen im Thalamus (Hirnstamm), vermutlich auch verstärkt in Regionen, die zur auditiven Verarbeitung zählen, wurde eine sehr starke und veränderte Aktivität für die schallmodulierte Musik festgestellt. Diese Effekte treten auch bilateral auf, d. h. die schallmodulierte Musik verstärkt diesen Effekt. Es gibt weiter Hinweise darauf, dass es sich hier auch um die Aktivierung des sogenannten Nucleus Geniculatus Medialis (NGM) handeln könnte. Dieser akustische Kern überträgt Erregungen in die primäre Hörrinde. Dieses Ergebnis ist allerdings nicht so robust bzw. signifikant wie der Befund des auditiven Cortex.

Prämotorischer und motorischer Cortex

In spezifischen motorischen Gehirnarealen ergibt sich ein konträrer Befund. In diesen Regionen löst die schallmodulierte Musik erstmals geringere Aktivität als die nicht schallmodulierte Musik aus. Der prämotorische Cortex ist für den Bewegungsplan zuständig, während der motorische Cortex eher die Steuerung übernimmt. Die gemessenen neuronalen Aktivitäten im prämotorischen und im motorischen Cortex sind bei der schall-modulierten Musik vermindert, was zu erhöhter motorischer Ruhe und Entspannung beitragen könnte.

Diese Erkenntnisse können bei der Betreuung von Menschen mit motorischer Unruhe bedeutend sein. Zum Beispiel bei der Erziehung und Therapie von Kindern mit schwierigen Temperamentsmerkma-len. Auf hyperaktive Kinder, die kaum durch Aufforderungen und Zurechtweisungen beeinflussbar sind, könnte so beruhigend eingewirkt werden. Jedenfalls sind die Ergebnisse aus den gegenständlichen Gehirnscans der fMRT ein starker Hinweis darauf. Der erhöhte Einsatz von Psychostimulanzien, der oftmals in der Behandlung der letzte Ausweg zu sein scheint, könnte mit der AVWF-Methode möglicherweise reduziert werden.

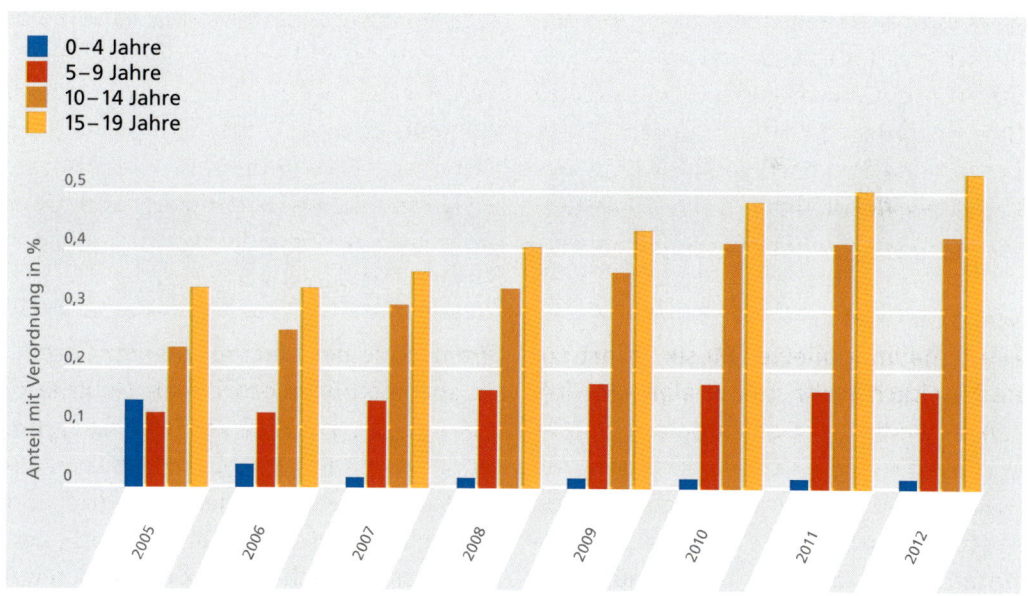

↑ *Anteil Kinder und Jugendlicher mit Antipsychotika-Verordnungen 2005–2012, nach Altersgruppen.*

Stress lass nach!
AVWF in der Stressmedizin

I n der Klinik Lipperland, die Teil des Rehabilitationszentrums Bad Salzuflen ist und in der psychosomatische Patienten rehabilitiert werden, wurde die Wirkung von AVWF im klinischen Alltag erprobt und in ihrer Wirksamkeit gemessen.

Patientinnen und Patienten, bei denen erhöhte Stressbelastungen für ihre Krankheit eine Rolle spielten und die über ausgeprägte Schlafstörungen klagten, nahmen an zehn AVWF-Sitzungen mit frequenzmodulierter Musik teil.

Die Abbildung unten zeigt, dass alle Teilnehmer im Vorfeld der stationären Rehabilitationsbehandlung eine deutlich erhöhte chronische Stressbelastung aufwiesen. Die psychische Symptombelastung wurde mithilfe eines standardisierten Fragebogens (SCL - 90) gemessen

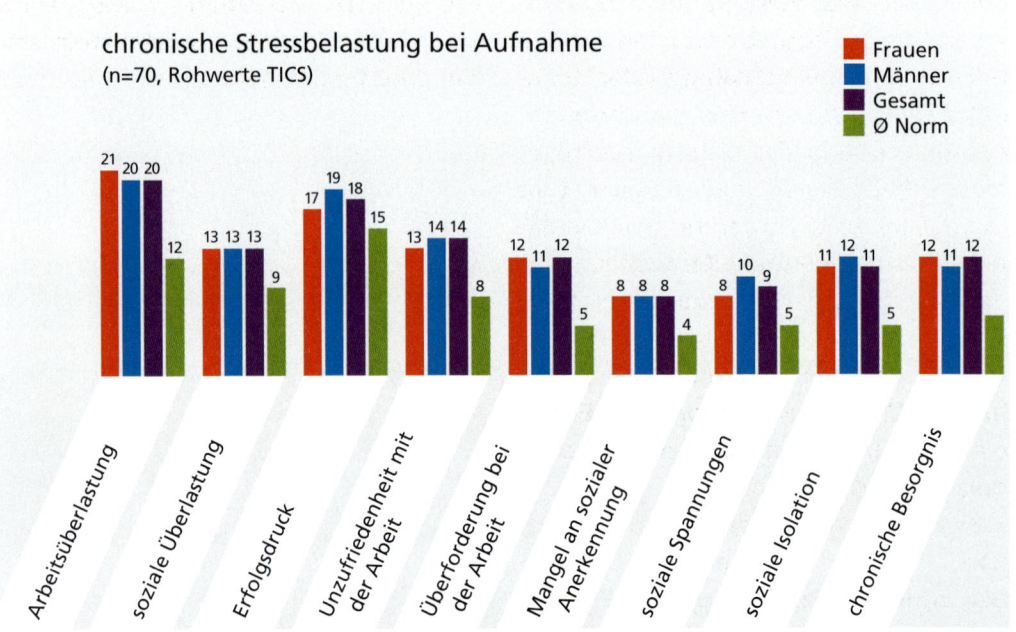

↑ *Stress hat viele Ursachen: Bedenklich wird es, wenn er sich dauerhaft ins Leben einnistet.*

und in einem Gesamtpunktwert ausgedrückt. Je höher der Wert, umso höher die Belastung.

Zu Beginn der Behandlung lag die psychische Symptombelastung bei 1,27 und verbesserte sich im Verlauf um 0,4 Punkte. Besonders deutlich fiel diese Entwicklung im Bereich Depressivität und phobische Angst aus.

Patienten, die mit AVWF behandelt wurden, zeigten darüber hinaus eine deutliche Verbesserung ihrer biologischen Stressregulationssysteme: Die Herzratenvariabilität nahm zu, der Stressindex reduzierte sich und die Informationsverarbeitung des Gehirns beschleunigte sich. Laufende Studien zeigen, dass es auch zu einer Förderung der Regulation des Stresshormons Cortisol kommt, das bei erhöhten Werten zu chronischem Stress führt, bei erniedrigten Werten zu Erschöpfung und Infektanfälligkeit. Hier hilft AVWF, auch auf biologischer Ebene eine „gesunde Balance" der Cortisolregulation herbeizuführen.

Natürlich wurden die Patienten auch nach ihrer persönlichen Einschätzung der Befindlichkeit gefragt: 76 Prozent gaben an, ihr körperliches Befinden habe sich durch die Behandlung deut-

lich verbessert. Das psychische Befinden gaben sogar 83 Prozent als deutlich bis sehr deutlich gebessert an. Im Vergleich zu den übrigen Patienten liegt die Verbesserung über dem Durchschnitt, dies trifft insbesondere auf das psychische Befinden zu.

Mit diesen Ergebnissen ist der erste Schritt zur Einführung von AVWF in die Patientenbehandlung getan. Weitere Untersuchungen an anderen Kliniken, die ebenfalls Patientinnen und Patienten mit erhöhtem Stress behandeln, laufen oder sind in Planung.

Cortisol, das Stresshormon – AVWF wirkt regulierend bis ins Blut

Unser Gehirn verbraucht etwa 80 Prozent der verfügbaren Energiereserven. Diese Energie ist im Blutzucker (Glucose) gespeichert. Das Gehirn versorgt sich selbst mit Energie, indem es die Freisetzung von Cortisol aus der Nebennierenrinde veranlasst. Cortisol ist körpereigenes Hormon, das für die Stressregulierung von entscheidender Bedeutung ist. Es mobilisiert den Energielieferanten Glucose, der den Muskeln, den Organen und auch dem Gehirn als „Brennstoff" zur Verfügung steht.

Bei körperlichen und geistigen Anforderungen und bei normaler Konzentration dient das Cortisol der Mobilisierung von Energiereserven, damit wir in der Lage sind, die anliegenden Aufgaben zu bewältigen. Höchstleistungen wären ohne eine ausreichende Cortisol-Ausschüttung des Körpers nicht denkbar.

Der Mensch braucht Energie nicht zu jeder Tages und Nachtzeit, sondern dann, wenn er seine Leistungen abrufen muss; entsprechend gibt es einen Tag-Nacht-Zyklus der Cortisol-Ausschüttung. Das Maximum unter Ruhebedingungen findet sich innerhalb der ersten Stunde nach dem Erwachen. Eben dann, wenn wir morgens „in die Gänge kommen" wollen. Man nennt dies die „Cortisol-Aufwachreaktion (CAR)".

Alles geregelt

Das Cortisol selbst ist eingebunden in eine komplexe dynamische Regulationsschleife, die ihren Ausgangspunkt im Gehirn hat: Im Hypothalamus (eine Hirnstruktur, die unter anderem für die Hormonregulation verantwortlich ist) wird ein Steuerungshormon produziert (Corticotropin-Releasing Hormon, CRH), das über Blutgefäße zur Hypophyse gelangt. Die Hypophyse, bekannt auch als „Hirnanhangsdrüse", produziert durch CRH-Stimulation als weiteres Steuerungshormon Corticotropin (ACTH), das in den Blutkreislauf des Körpers abgegeben wird. Über den Blutweg erreicht das ACTH dann die Nebennierenrinde, in der schließlich Cortisol synthetisiert und in den Blutkreislauf ausgeschüttet wird.

Durch die Zirkulation im Blut wird die jeweilige Cortisol-Konzentration auch an den Hypothalamus zurückgemeldet, sodass eine übermäßige Ausschüttung von Cortisol im Normalfall gehemmt wird (negative Feedback-Schleife). Dieses Regulationssystem nennt man die

„Hypothalamus-Hypophysen-Nebennie-renrinden-Achse (HHNA)".

Das nun im Blut zirkulierende, in normaler Konzentration vorhandene Cortisol kann all seine nützlichen Wirkungen entfalten, die notwendig sind, um eine Anforderung zu bewältigen, sich an eine neue Situation anzupassen oder eben Höchstleistungen zu erbringen.

Wenn aus einem Segen ein Fluch wird

Das HHNA-Regulationssystem hat eine grundlegende Funktion und besondere Relevanz für die normale Anpassungsreaktion auf Stress. Cortisol wird zum Fluch bei chronischem Stress (Dysstress): Unter Belastungen, die anhaltend sind und bei Menschen mit dem Gefühl einhergehen, nicht bewältigt werden zu können, entsteht chronischer Stress.

In dieser Situation ist die Hypothalamus-Hypophysen-Nebennierenrinden-Achse (HHNA) überaktiv und dysreguliert – oder anders ausgedrückt: Die Systeme spielen „verrückt" und wirken kontraproduktiv. Eine zu hohe Sekretion von Cortisol hat fatale Wirkungen – es kommt zu einem Überschuss von Glucose im Blut (das fördert die Entstehung einer Zuckerkrankheit), der Blutdruck steigt,

die Wundheilung verschlechtert sich, die Muskelmasse reduziert sich und die Gedächtnisfunktion wird beeinträchtigt. Bei chronischem Stress und fehlerhafter Regulation wird Cortisol so „zum Fluch". In dieser Situation ist es von allergrößter Bedeutung, durch geeignete Behandlungsmaßnahmen die Cortisol-Regulation schnellstmöglich wieder zu normalisieren.

Ein Zuviel an Cortisol hat gravierende Auswirkungen – ein Zuwenig aber auch! Bei reduzierter Cortisol-Aufwachreaktion kann es zum Auftreten von Müdigkeit, Erschöpfung, eingeschränkter Tätigkeit des Immunsystems und einem allgemeinen Leistungsabfall kommen. Also: Auf die richtige Cortisol-Dosis im Blutkreislauf und die Funktionsfähigkeit des Regulationssystems (HHNA) kommt es an.

Eine sorgfältige Analyse der Cortisol-Freisetzung ist daher für jede individuelle stressbezogene Diagnostik notwendig und sinnvoll. Heute ist es möglich, Cortisol zuverlässig im Speichel zu messen. Dazu werden innerhalb der ersten Stunde nach dem Aufwachen insgesamt vier Proben entnommen, die dann ein typisches Profil der „Cortisol-Aufwachreaktion (CAR)" zeigen. Die Messung wird an zwei Werktagen durchgeführt; schon die Erwartung auf das Wochenende beeinflusst unsere „innere Uhr" – und hat Einfluss auf die Cortisol-Sekretion!

In einer Anwendungsuntersuchung zu AVWF wurden nun die CAR von psychosomatischen Patienten zur stressbezogenen Diagnostik analysiert. Im Rahmen dieser Routinediagnostik wurden in den Monaten danach diejenigen Patienten, die eine AVWF-Behandlung erhalten hatten, mit denjenigen verglichen, die die sonst allgemein übliche Behandlung erhielten. Beide Gruppen waren nach Alter und Geschlecht vergleichbar.

AVWF normalisiert die Cortisol-Regulation

Dabei ergab sich Erwartetes – und Überraschendes: Die Patienten, die eine erhöhte Cortisol-Aufwachreaktion zeigten, waren nach der AVWF-Behandlung mit ihrer Cortisol-Regulation deutlich normalisiert. Es gelang ihnen auch gefühlt deutlich besser, mit stressigen Situationen umzugehen. Die Patienten gaben an, sich entspannter zu fühlen und besser schlafen zu können. Dies war

erfreulich – und wir hatten es erwartet (Abb. 2).

Was überraschend war, und sich in dieser Form nur bei den mit AVWF behandelten Patienten ergab: Auch diejenigen, die eine reduzierte oder fehlende CAR hatten, also zu wenig Cortisol im Blut, profitierten von der schallmodulierten Musik: Ihre Cortisol-Werte stiegen an und die Cortisol-Regulation zeigte einen Trend zur Normalisierung – auch dies verbunden mit dem persönlichen Erleben der Patienten, sich leistungsfähiger und wacher zu fühlen (Abb. 1).

Auch wenn weitere Studien notwendig sind, um größere Gruppen einzubeziehen und den Wirkmechanismus besser zu verstehen, bleibt festzuhalten: AVWF unterstützt Menschen dabei, eine angemessene, gut funktionsfähige Regulation des Stresshormons Cortisol zu erreichen und damit die Funktionsfähigkeit HHNA „Stressachse" zu fördern – ein Segen.

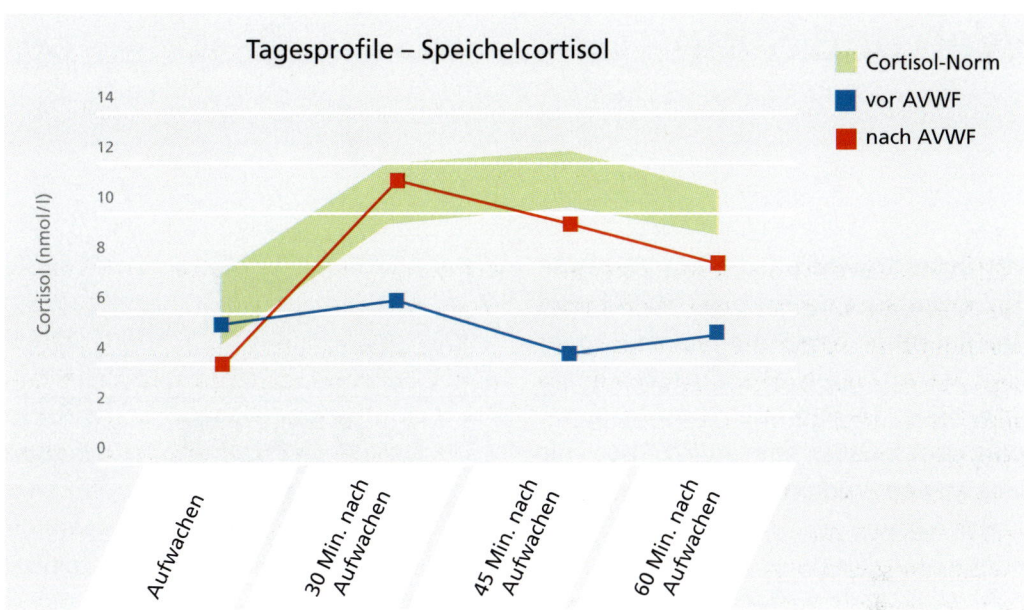

↑ *Abb.1: Cortisol-Aufwachreaktion (CAR) vor (blaue Linie) und nach (rote Linie) der AVWF Behandlung.*

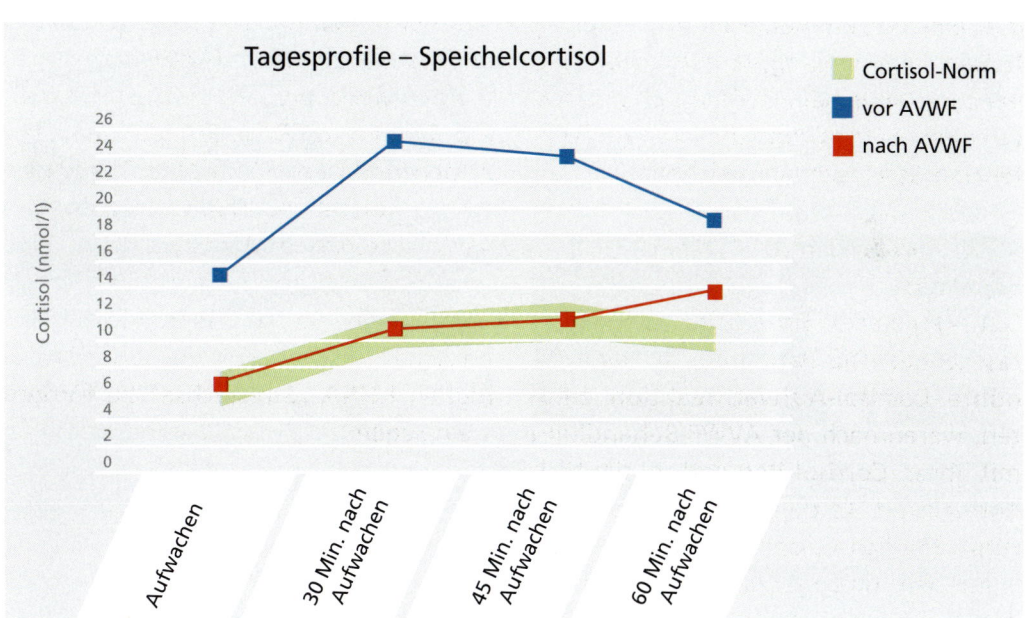

↑ *Abb. 2: Cortisol-Aufwachreaktion (CAR) vor (blaue Linie) und nach (rote Linie) der AVWF Behandlung.*

Web und Shop

Immer top informiert: Die Webseite www.avwf.de und die AVWF-App (im Apple App-Store und im Google Play Store) bieten alle aktuellen Infos und viele vertiefende Hintergründe. Dort geht es auch zum AVWF-Shop mit innovativen Produkten aus Wissenschaft und Forschung.

Die Methode der Sieger

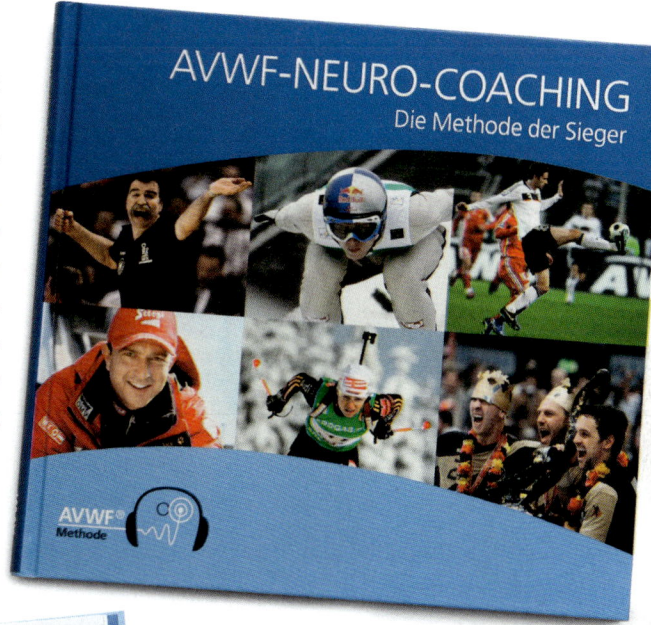

L ernen von und mit den Siegern: Ulrich Conradys Standardwerk zum AVWF-Neurocoaching ist ein Meilenstein in der modernen Trainings- und Wettkampfgestaltung. Auf 180 Seiten zeigt der Autor, wie Top-Sportler aller Disziplinen, darunter zahlreiche Weltmeister und Olympiasieger, mit den Methoden der Audio-Visuellen-Wahrnehmungsförderung ihre Leistungs- und Regenerationsfähigkeit nachhaltig verbessern.

Erhältlich in unserem Shop,
unter www.avwf.de/products-page
oder auf www.dasbuchwerk.de

AVWF-Zentren

Unsere AVWF-Zentren sind Kompetenzzentren im Bereich der Lerntherapie, der Aufmerksamkeitsförderung, der Stressmedizin und des Neurocoaching. Ihre Schwerpunkte reichen von der frühkindlichen Förderung, über Stressbewältigung bis hin zur Stärkung der mentalen und körperlichen Leistungsfähigkeit im hohen Alter.

Unter www.avwf.de finden Sie alle Adressen und Ansprechpartner vor Ort.

Ulrich Conrady
Entwickler der
AVWF-Methode

Istruper Straße 83
32825 Blomberg

Telefon: 05235 99 44 98
info@avwf.de
Termine nach Vereinbarung

www.avwf.de

Bei übergeordneten Fragen und Wünschen wenden Sie sich bitte an die AVWF-Zentrale in Blomberg. Hier finden Sie auch die richtigen Ansprechpartner, wenn Sie Interesse an einer Ausbildung zum AVWF-Trainer haben.

Da AVWF-Trainer eine große Verantwortung übernehmen, richtet sich die Ausbildung ausschließlich an Mediziner oder Psychologen und bei entsprechender Eignung auch an Pädagogen, die ein eigenes AVWF-Zentrum aufbauen möchten.

AVWF in Ihrer Nähe

Scannen Sie den Code und gelangen Sie zur Übersicht der Zentren auf unserer Website.

Literaturverzeichnis

Becker, P. & Jansen, L. J. (2006). *Chronischer Stress, Persönlichkeit und selbstberichtete körperliche Gesundheit. Zeitschrift für Gesundheitspsychologie, 14(3), 106-118.*

BioSign GmbH (2009). *Anleitung zum HRV-Scanner V 1.5.*

BioSign GmbH (2014). *Dokumentation zum HRV-Scanner V 3.8.*

Birbaumer, N. & Schmidt, F.R. (1999). *Biologische Psychologie. Berlin, Heidelberg: Springer-Verlag.*

Borg, E. & Counter, S.A. (1989). *The Middle-Ear Muscles. Scientific American, 261(2), 74–78.*

Boyle, K.S. & Hellhammer, D.H. (2013). *Neuropattern TM: sieben Schritte zu einer translationalen Stressmedizin Verhaltenstherapie & Verhaltensmedizin 34, 237-250.*

Conrady, U. (2011). *AVWF – Neuro-Coaching. Buchwerk Haberbeck, Lemgo*

Franke, G. (1995). *SCL-90 R: Die Symptom-Checkliste von Derogatis – Deutsche Version Manual. Beltz Test, Göttingen*

Hellhammer, D.H. & Hellhammer, J. (2005). *Stress – The Brain-Body Connection. Karger, Frankfurt/Main*

Hellhammer,D.; Hero,T.; Gerhards,F. & Hellhammer,J. (2012). *Neuropattern: A new translational tool to detect and treat stress pathology I. Strategical consideration Stress, early online 1-9.*

Katerji, D. (2005). *Veränderungen der Low-Level-Funktionen im Erwachsenenalter und deren Zusammenhänge mit der peripheren auditiven Wahrnehmung und versch. kognitiven Funktionen. Dissertation/Med. Hochschule Hannover.*

Lukasz K. & Frederick N. (2015). *moments: Moments, cumulants, skewness, kurtosis and related tests. R package version 0.14. http://CRAN.R-project.org/package=moments*

MacLean, P. D. (1990). *The triune brain in evolution: role in paleocerebral functions. New York: Plenum Press.*

Nater U. M., La Marca, R., Florin, L., Moses, A., Langhans, W., Koller, M. M., et al. (2006). *Stress-induced changes in human salivary alpha-amylase activity—associations with adrenergic activity. Psychoneuroendocrinology*

Olbrich, D. (2013). *Therapiekonzept Psychosomatik. Rehazentrum Bad Salzuflen der Deutschen Rentenversicherung Bund Selbstverlag.*

Olbrich, D. (2013). *Therapiekonzept Psychosomatik, Rehazentrum Bad Salzuflen der Deutschen Rentenversicherung Bund, Selbstverlag.*

Olbrich D., Conrady U. & Olbrich D.-I. (2000). *Einsatz von AVWF (Audio-visuelle-Wahrnehmungsförderung) in der Stressmedizin. Ärztliche Psychotherapie. Pinheiro J. C. & Bates D.M.*

Pinheiro, J. C. & Bates, D.M. (2000). *Mixed-Effects Models in S and S-PLUS. Statistics and Computing Series, Springer-Verlag, New York.*

Pinheiro, J., Bates, D., DebRoy, S., Sarkar, D. and R Core Team (2014). *nlme: Linear and Nonlinear Mixed Effects Models. R package version 3.1-118, http://CRAN.R-project.org/package=nlme*

Pöppel, E. (1985). *Grenzen des Bewußtseins. Stuttgart: Deutsche Verlagsanstalt.*

Porges, S.W. (1995). *Orienting in a defensive world: Mammalian modifications of our evolutionary* heritage. A Polyvagal Theory. *Psychophysiology, 32, 301–318.*

Porges, S.W. (2001). *The polyvagal theory: phylogenetic substrates of a social nervous system. International Journal of Psychophysiology, 42, 123–146.*

Porges, S.W. (2010). *Die Polyvagal-Theorie.Emotion, Bindung, Kommunikation und ihre Entstehung. Junfermann, Paderborn.*

R Core Team (2014). *R: A language and environment for statistical computing. R: Foundation for Statistical Computing.*

Schandry, R. (2011). *Biologische Psychologie. Beltz, Weinheim*

Schepank, H. (1995). *BSS – Der Beeinträchtigungs-Schwere-Score Manual. Beltz Test, Göttingen.*

Schönweiler, R. & Ptok, M. (2000). *Phoniatrie und Pädaudiologie. Hannover: Eigenverlag.*

Schulz, P. & Schlotz, W. (1999). *Trierer Inventar zur Erfassung von Chronischem Stress (TICS): Skalenkonstruktion, teststatistische Überprüfung und Validierung der Skala Arbeitsüberlastung. Diagnostica, 45(1), 8-19.*

Schulz, P., Schlotz, W. & Becker, P. (2004). *Das Trierer Inventar zur Erfassung von chronischem Stress -Version 2 (TICS 2). Göttingen: Hogrefe Verlag.*

Schwabe, L., Dalm, S., Schächinger, H., & Oitzl, M. S. (2008). *Chronic stress modulates the use of spatial and stimulus-response learning strategies in mice and man. Neurobiology of learning and memory, 90(3), 495-503.*

Servan-Schreiber, D. (2004). *Die neue Medizin der Emotionen. München: Antje Kunstmann Verlag.*

Storch,M. ; Krause,F. (2007). *Selbstmanagement – Ressourcenorientiert. Grundlage und Trainingsmanual für die Arbeit mit dem Züricher Ressourcenmodell (ZRM). Huber, Göttingen*

Thompson, R.F. (2001). *Das Gehirn. Von der Nervenzelle zur Verhaltenssteuerung. Heidelberg, Berlin: Spektrum Akademischer Verlag.*

Trepel, M. (2004). *Neuroanatomie. Sturktur und Funktion. München, Jena: Urban & Fischer Verlag.*

Uttenweiler, V. (1996). *Diagnostik zentraler Hörstörungen, auditiver Wahrnehmungs- und Verarbeitungsstörungen. Sprache, Stimme, Gehör, 20, 80-90.*

Wippert, P.-M.; Beckmann, J. (2009). *Stress- und Schmerzursachen verstehen. Thieme, Stuttgart*

Wittling, W; Wittling, R. (2012). *Herzschlagvariabilität: Frühwarnsystem, Stress- und Fitnessindikator. Grundlagen-Messmethoden-Anwendungen. Eichsfeld-Verlag, Heiligenstadt*

Internetquellen:

http://www.stress-ratgeber.de
http://www.hrv24.de
http://www.palverlag.de/Stress-Burnout.html
http://www.onmeda.de/krankheiten/krankheitsgebiete.html
http://www.curado.de/Neurologische-Erkrankungen-119
http://www.deam.de/krank/00029.html
http://de.wikipedia.org/wiki/apallisches_Syndrom
http://www.brainboy.de/warnkeverfahren.html

(letzter Zugriff 2015)

Impressum

Allgemein

Autor:

Ulrich Conrady

D-32825 Blomberg

avwf.de

Redaktion:

Marcus Schick

schick_kommunikation

D-82166 Gräfelfing

schick-kommunikation.de

Fotos:

AVWF / Christian Forcher

fotolia.de

Illustrationen:

Diego Schtutman

Produktion:

Vier plus Pro Graphik GmbH

Am Ringofen 26, D-32657 Lemgo

Herstellung:

Kerstin Schubert, Markus Steins

Gestaltung:

Arno Brinkmeier, Ramona Granseuer

Bildbearbeitung:

Claudia Münsterberg,

Vanessa Sielemann

Technik

Papier Umschlag:

250 g/m² Garda matt

Bilderdruck, FSC

Umschlag-Veredelung:

Folie Granulat matt + partieller UV-Lack

Papier Inhalt:

115 g/m² Gardamatt ultra

Bilderdruck, FSC Mix Credit

Gesamtherstellung:

Service & Print Group Haberbeck

Verlag & Vertrieb:

dasbuchwerk.de

ISBN 978-3-943868-99-9

Glückskinder, 1. Auflage 2016 (5.000)

Umwelt ist unsere Welt